Александр Демонтфорт

Орест Монфор

Зигзаги судьбы:

от штабс-капитана

и

полковника Генштаба РККА

до

негласного сотрудника НКВД

Жизнь человеческая – череда сознательных действий и случайностей.

Зарождение – случайность, ведь человек мог и не родиться.

Воспитание детей - сознательное действие, но результат воспитания – случайность как непредсказуемое сочетание воспитания и характера.

Друзья детства – случайность, но "с кем поведешься, от того и наберешься".

Образование – сознательные действия родителей, но гены, от которых зависят успехи ученика, - случайная комбинация генов родителей.

Одноклассники - случайность, но дружба с ними остается на всю жизнь.

Выбор работы - сознательное действие, но коллеги по работе, общение с которыми оставляет след на долгие годы, - случайность.

Создание семьи – сознательное действие, но выбор патрнера ограничивается случайным набором кандидатов.

Желание иметь детей – сознательное действие, но зарождение ребенка – непредсказуемая генетическая случайность.

Желание иметь мальчика или девочку – сознательное действие, но результат – непредсказуемая генетическая случайность.

Занятия спортом для достижения высоких результатов – сознательное действие, но конкретные успехи в спорте – случайность, зависящая от многих причин.

Стремление прожить дольше – сознательное действие, но конкретная продолжительность жизни – непредсказуемая случайность.

Так было всегда и так будет.

Так было и Орестом Монфором, дворянином, сыном барона, прожившем сложную и противоречивую жизнь в эпоху революционного перелома в России.

В его судьбе причудливо переплелись противоречивые сознательные поступки его самого и других людей и случайные события тех времён.

"Каков век, таков и человек"
Житейская истина

Зигзаги начались с рождения.

Орест Монфор родился 31 октября 1886 года в селе Сальяны Джеватского уезда Бакинской губернии Российской империи как незаконнорожденный и был записан под фамилией матери.

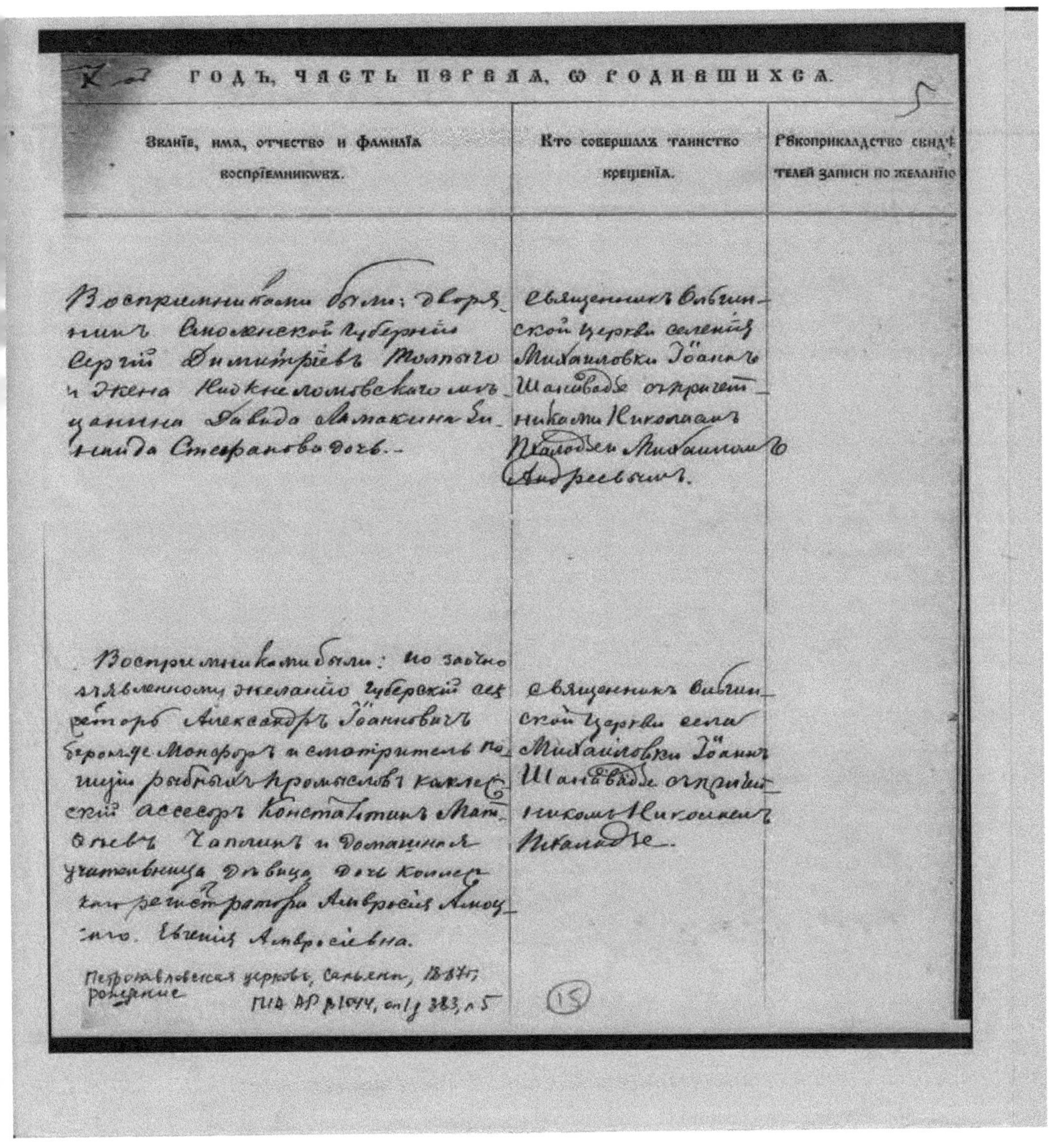

К ГОДЪ, ЧАСТЬ ПЕРВАЯ, О РОДИВШИХСЯ.

Званіе, имя, отчество и фамилія воспріемниковъ.	Кто совершалъ таинство крещенія.	Рукоприкладство свидѣтелей записи по желанію
Воспріемниками были: дворянинъ Смоленской губерніи Сергій Дмитріевъ Толпыго и жена Нижнеломовского мѣщанина Давида Ламакина Зинаида Степанова дочь.-	Священникъ Сальянской церкви селенія Михайловки Іоаннъ Шаповадзе съ причетникомъ Николаемъ Ткаладзе, Михаиломъ Андреевымъ.	
Воспріемниками были: по заочно изъявленному желанію губернскій секретарь Александръ Іоанновичъ баронъ де Монфоръ и смотритель полиціи рыбныхъ промысловъ коллежскій ассесоръ Константинъ Матвѣевъ Чаплинъ и домашняя учительница дѣвица дочь коллежскаго регистратора Амвросія Амоцкаго Евгенія Амвросіевна.	Священникъ Сальянской церкви села Михайловки Іоаннъ Шаповадзе съ причетникомъ Николаемъ Ткаладзе.	

Петропавловская церковь, Сальяны, 1887 г, рождение
ГИА АР ф.1014, оп.1, д.383, л.5

15

Метрическая выписка из Петропавловской церкви Сальян от 31 октября 1886 года о рождении и крещении Ореста Амоцкого

Он был назван Орестом в честь кумира семьи Монфор, старшего брата его отца Ореста Феликсовича барона де Монфор, выпускника Санкт-Петебургского Университета, который сделал головокружительную карьеру, поднявшись за 35 лет службы на Кавказе до чина действительного статского советника.

Мать – девица Александра Амвросиевна Амоцкая, дочь коллежского регистратора из Сальян Амвросия Никитича Амоцкого.

Незаконнорожденный означает у матери нет мужа. У Александры Амоцкой на тот момент, в возрасте 26 лет формально и не было мужа, хотя было уже трое детей – все незаконнорожденные - Евгений, 4 года, Мария, 2 года и Орест.

Все эти дети, кроме Евгения, у неё были от барона Александра Феликсовича де Монфора, мирового посредника Джеватского уезда Бакинской губернии, который был на 14 лет старше её.

Сам Александр Феликсович с 1872 года был формально женат на Елизавете Константиновне Тихоновой, которая жила в Санкт-Петербурге, где он учился и служил с 1867 г. по 1876 г.

Своих детей у них не было, но у Елизаветы Константиновны была дочь Александра от её первого брака. Работа канцеляристом не приносила Александру Феликсовичу большого дохода, поэтому когда его старший брат Орест Феликсович де Монфор выхлопотал ему место мирового посредника в Джеватском уезде Бакинской губернии, Александр Феликсович согласился. Уезжая на новую службу в конце 1876 года, Александр Феликсович обязался переводить Елизавете Константиновне треть своего жалования, а затем взять её к себе. Однако покинув Петербург и оказавшись на Кавказе, Александр Феликсович забыл о Елизавете.

"С глаз долой - из сердца вон"
Народная мудрость

Не будучи законным мужем Александры Амвросиевны, Александр Феликсович не мог быть записан в церковной метрической записи о рождении Ореста как отец, вместо этого он был записан в качестве крестного отца (воспреемника): "по заочно изъявленному желанию губернский секретарь Александр Јоаннович барон де Монфор". Крестной матерью Ореста была сестра Александры Евгения Амоцкая.

Елизавета Константиновна умерла в Санкт-Петербурге от туберкулёза 1 апреля 1890 г.

В это время Александр Феликсович жил и служил в Бакинской губернии и сожительствовал с Александрой Амвросиевной. От этого сожительства у них было всего четверо детей – Евгений, Мария, Орест и Анна. Двоежонство в дореволюционной России было невозможно, поэтому Александр Феликсович не мог жениться на Александре Амвросиевне пока его первая жена, больная туберкулёзом, была жива. Но как только Елизавета Константиновна умерла, Александр Феликсович запросил разрешения на брак с Александрой Амвросиевной.

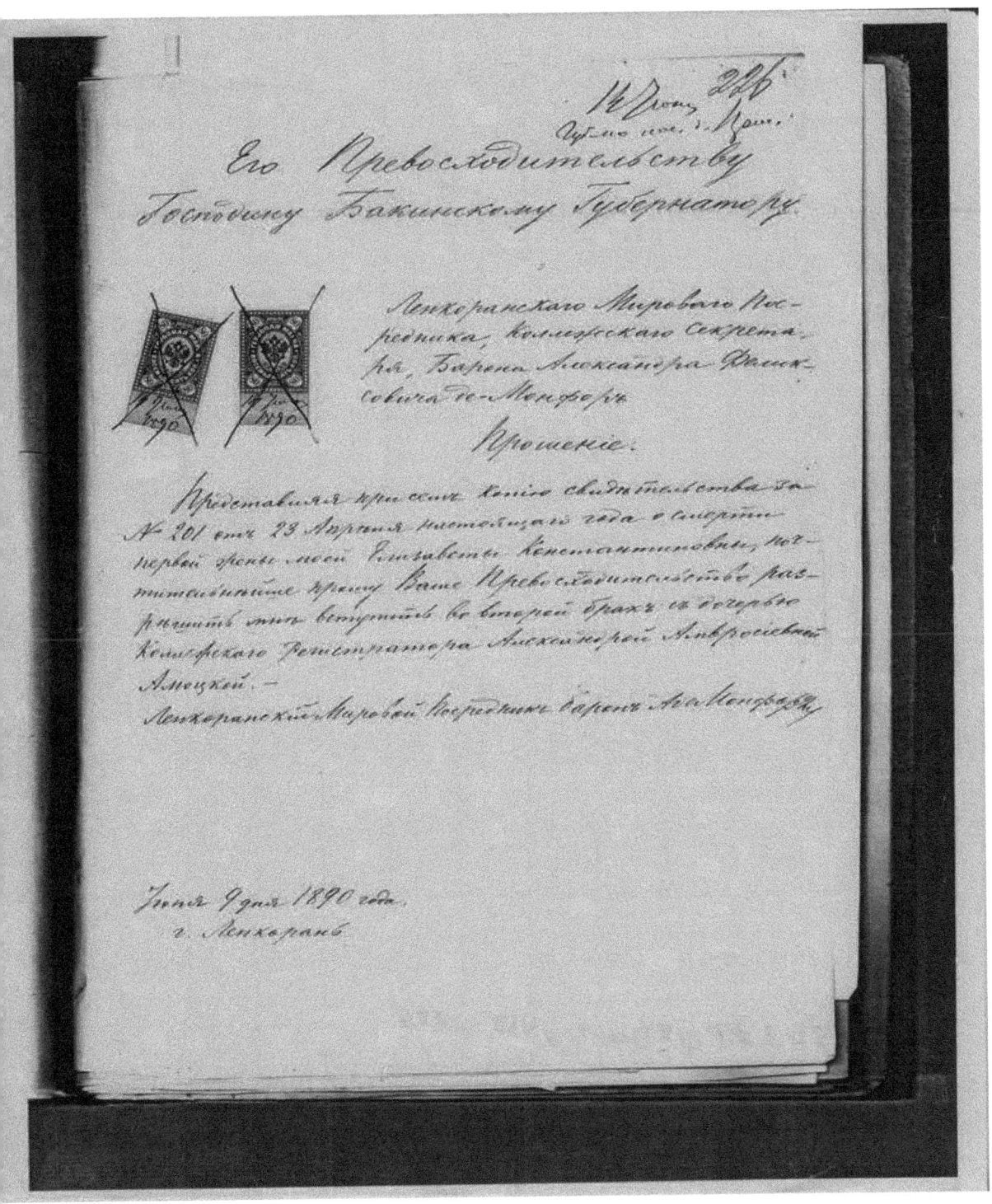

Прошение Александра Феликсовича де Монфора на имя Бакинского губернатора о разрешении ему вступить во второй брак от 9 июня 1890 года

Вскоре такое разрешение он получил.

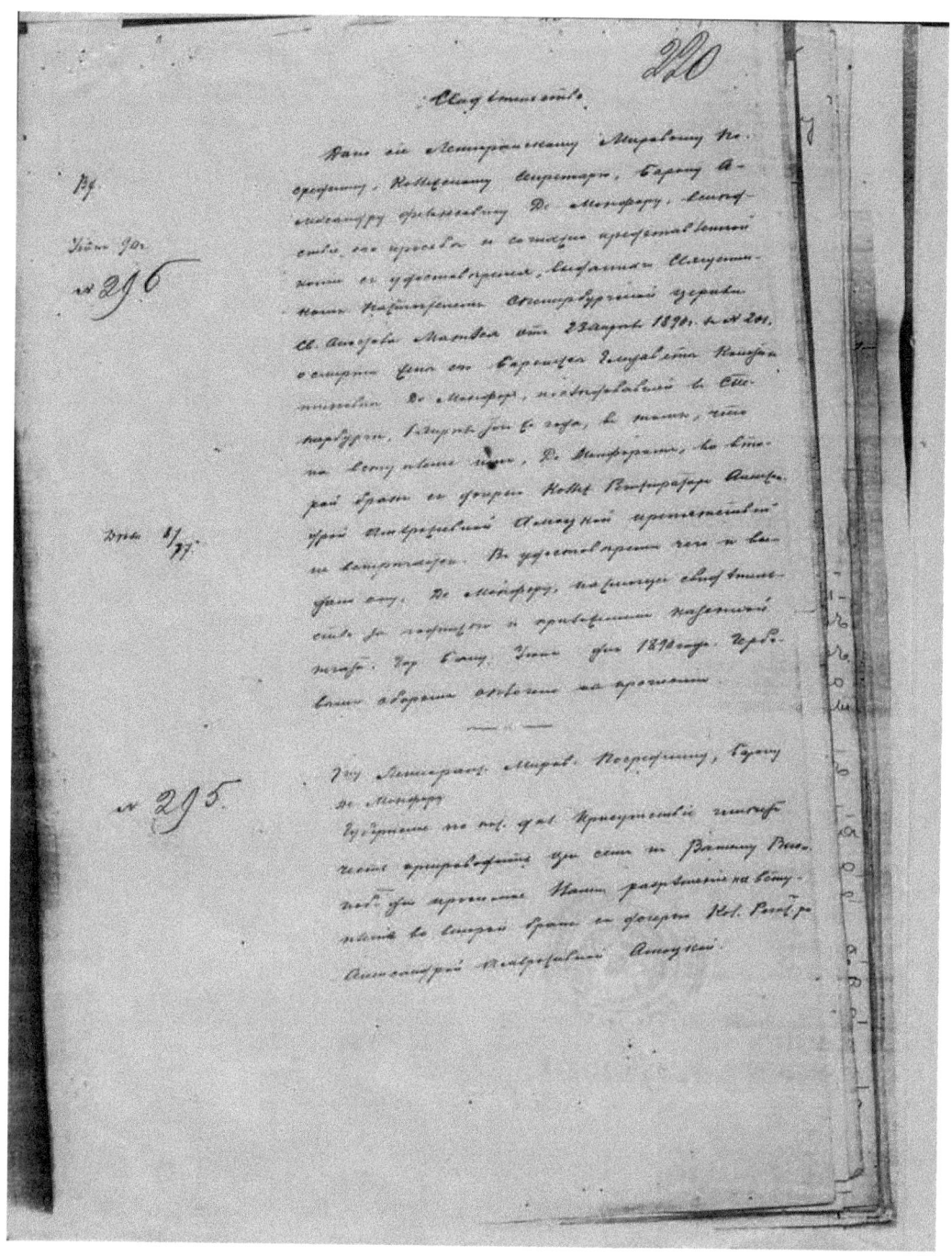

Свидетельство от Бакинского губернского правления о разрешении Александру Феликсовичу де Монфору вступить во второй брак

Получив разрешение, Александр Феликсович незамедлительно женится на Александре Амвросиевне и усыновляет своих детей.

Но не всех. Он не усыновил старшего сына Евгения, предполагая, что он – не от него. Связь Александра Феликсовича с Александрой Амоцкой началась в 1882 году, тогда как и Евгений родился 1882 году, точнее 13 декабря 1882 г. У Александра Феликсовича были подозрения, что

Александра "нагуляла" Евгения с другим мужчиной и стала гулять с ним на ранней стадии беременности, чтобы выдать свою беременность Евгением за беременность от него.

Случайность – беременность от другого мужчины – вызвала сознательные действия – связь с Александром Феликсовичем.

Евгений родился 13 декабря 1882 года в Санкт-Петербурге, хотя его мать Александра Амвросиевна жила в Сальянах Бакинской губернии.

С этим связана ещё одна цепь случайностей и сознательных действий.

Александр Феликсович после окончания Санкт-Петербургской Медико-Хирургической академии в 1872 году работал канцеляристом в Санкт-Петербургском Обществе Взаимного Кредита и был заподозрен в подделке документов общества с целью наживы. Дело о хищениях в Санкт-Петербургском Обществе Взаимного Кредита получило огласку и через несколько лет начался судебный процесс в Санкт-Петербургском Окружном Суде. В октябре 1882 года, будучи на службе в Джеватском уезде Бакинской губернии в качестве мирового посредника, он был вызван в этот суд в Санкт-Петербург для дачи показаний в качестве обвиняемого.

В это время его сожительница Александра Амвросиевна была на восьмом месяце первой беременности, тогда как первая жена Александра Феликсовича Елизавета Константиновна жила в Санкт-Петербурге со своей дочерью Александрой.

Александр Феликсович не знал, вернется ли он домой, ведь в случае признания его виновным, он мог быть посажен в тюрьму прямо из зала суда, поэтому он берет с собой Александру Амвросиевну, чтобы проститься с ней перед тюрьмой и устроить её роды с помощью своих бывших друзей по Санкт-Петербургской Медико-Хирургической академии.

Александр Феликсович пробыл в Санкт-Петербурге 4 месяца – с 26 октября 1882 года по 22 февраля 1883 года. Сын Евгений родился 13 декабря 1882 года и был крещен 29 декабря 1882 года в Санкт-Петербургской церкви Рождества Христова на Песках.

МЕТРИЧЕСКОЙ КНИГИ НА 188__

Счётъ родившихся.		Мѣсяца и день		Имена родившихся.	Званіе, имя, отчество и фамилія родителей, и какого вѣроисповѣданія
Мужеска пола.	Женска пола.	родил. на.	крещ. на.		
	351	Декабрь 22.	22.	Агафія	Тверской губерніи Зубцовскаго уѣзда [...] волости деревни [...] крестьянинъ Михаилъ Матвѣевъ [...] и законная жена его Матрена Николаева оба православнаго исповѣданія. [...] Протоіерей Василій [...] [...] Николай [...]
10 [...] 188__ [...]	352	15.	23.	Олимпіада	Могилевской губерніи Климовичскаго уѣзда [...] Иванъ [...] и законная жена его Екатерина [...] оба православнаго исповѣданія [...] Священникъ Петръ [...] Дьячокъ Николай [...]
353		15.	29.	Евгеній [...]	Воспитанница Инженернаго [...] дочь [...] Регистратора [...] [...] оба православнаго исповѣданія. Протоіерей Василій [...] [...] Николай [...]

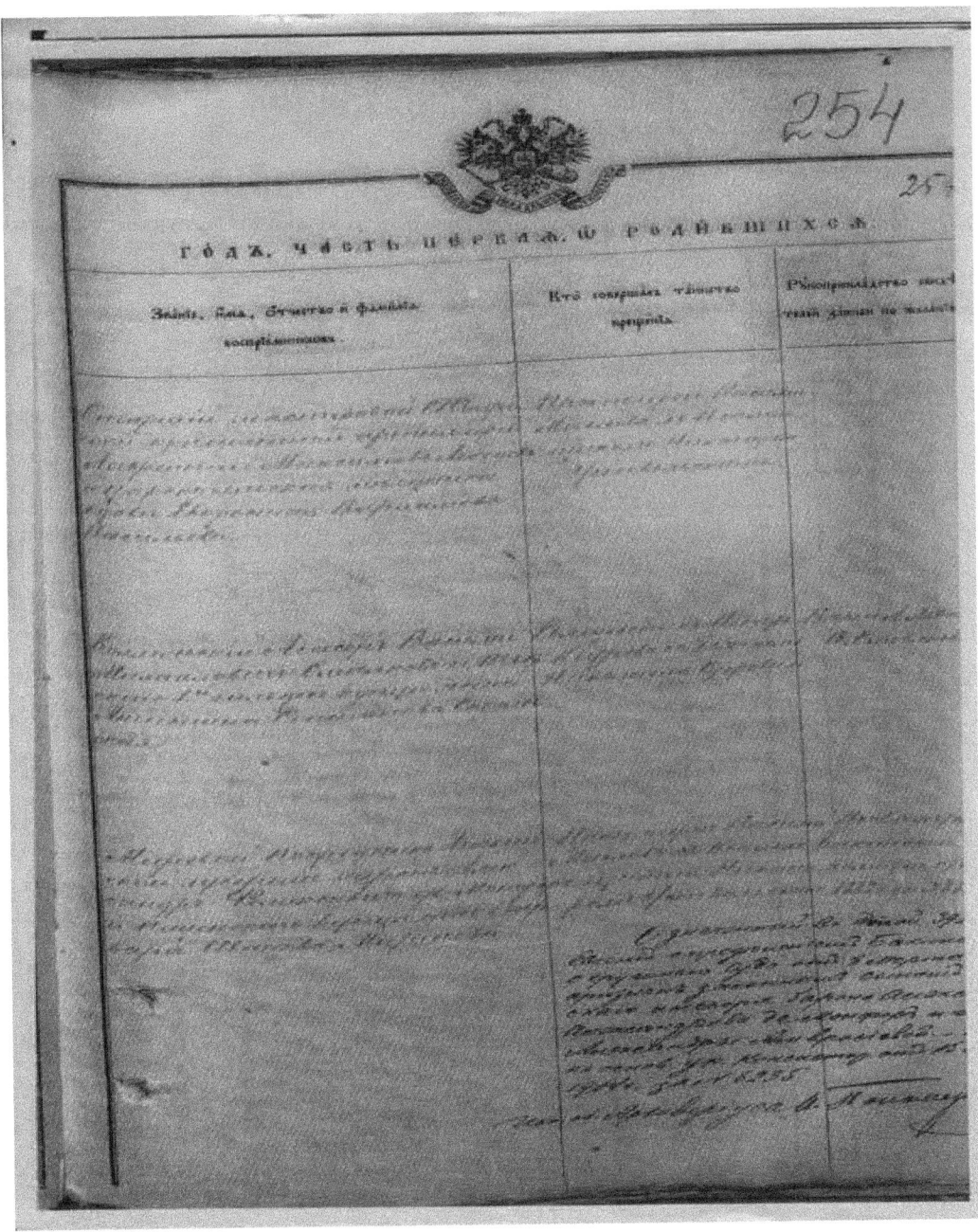

Метрическая запись о рождении и крещении Евгения Амоцкого в декабре 1882 года в Санкт-Петербурге

В метрической записи отец Евгения не указан, однако "Мировой посредник Бакинской губернии барон Александр Феликсович де Монфор" присутствует в записи в качестве крестного отца. Это всё, на что согласился Александр Феликсович.

В примечании к метрической записи указано, что определением Бакинского Окружного суда от 8 марта 1904 года Евгений Амоцкий признан законным сыном коллежского асессора барона Александра Александровича де Монфора и жены его Александры Амвросиевны. С этим связана еще одна история, о которой будет сказано ниже.

31 января 1883 года Санкт-Петербургский Окружной Суд признал Александра Феликсовича де Монфора невиновным в деле о хищениях в Санкт-Петербургском Обществе Взаимного Кредита. Было доказано, что хотя он и подделывал документы, но делал это по приказанию начальства и без корыстных намерений. На радостях Александр Феликсович едет к своей жене Елизавете Константиновне со своей сожительницей Александрой Амвросиевной и новорожденным Евгением решать свои семейные проблемы.

> "Была без радости любовь – разлука будет без печали"
> *Житейская поговорка*

А проблемы были и серьезные. Причитающиеся Елизавете Константиновне деньги Александр Феликсович переводил только первые три года, но потом платить перестал. На её просьбы о деньгах не отвечал, на напоминания о переезде не реагировал. Елизавета Константиновна, не имея других средств к существованию, оказалась в бедственном положении. Не видя другого способа повлиять на мужа, 26 октября 1881 года она пишет жалобу в виде докладной записки на имя Министра юстиции (мировой посредник входил в номенклатуру Минюста).

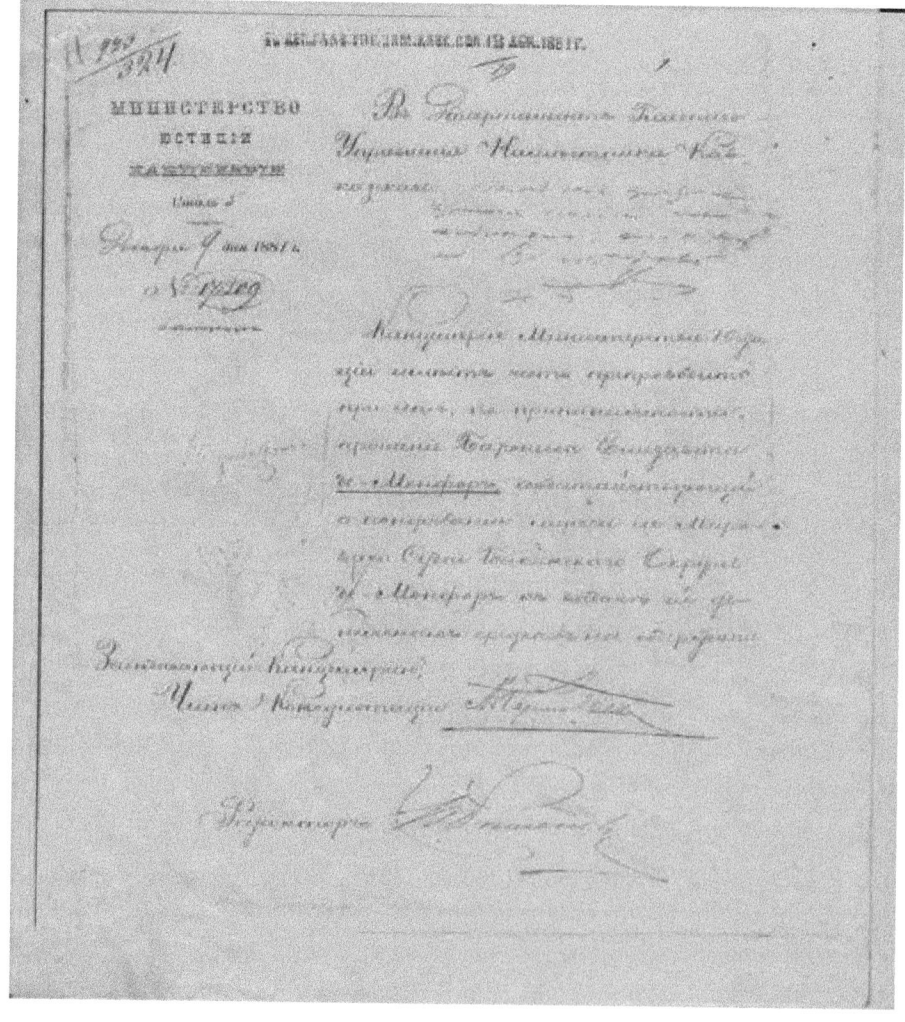

№ 2557

Его Высокопре-
восходительству
Господину Мини-
стру Юстиции
Дмитрію Никола-
евичу Набокову.–

Докладная записка
Баронессы Елизаветы
Константиновны
де Менфоръ.

26 Октября 1881 г.

(за № 30 №)

Пять лѣтъ тому на-
задъ мужъ мой баронъ
Александръ Феликсовичъ
де Менфоръ поступилъ
на службу въ Александрій-
скую Юстицію Мировымъ Судьёй
въ Бакинскую губернію, по
назначенію отъ Правитель-
ства, оставивъ меня въ Пе-
тербургѣ безъ средствъ къ
существованію, обезпечи-
тельно, что онъ будетъ вы-
сылать мнѣ треть полу-
чаемаго или надлежащаго
содержанія, а затѣмъ взя-
лся отъ себя.

Приказанію мужъ мой

В № 17309

Докладная записка Елизаветы Константиновны на имя Министра юстиции от 26 октября 1881 года

В связи с тем, что жалоба относилась к семейным проблемам и не имела отношения к служебным делам, Минюст оставил её без последствий, однако передал ее в Управление Наместника Кавказского. Там о ней был поставлен в известность старший брат Александра Феликсовича Орест Феликсович де Монфор, занимавший в то время посты Правителя Канцелярии Бакинского губернатора и члена Бакинского губернского присутствия в чине действительного статского советника. Старший брат посоветовал младшему урегулировать этот вопрос.

Нравственные зигзаги в семье де Монфора продолжались.

"Худой мир лучше доброй ссоры"
Народная поговорка

Приехав к Елизавете Константиновне в гости со своей новой семьей, Александр Феликсович предлагает ей сделку. В обмен на её молчание и минимальное денежное содержание и чтобы облегчить её существование, он забирает к себе дочь Елизаветы Александру, которой на то время было 13 лет. Бедная Елизавета была благодарна за такую сделку. Вопрос о разводе даже не обсуждался.

Сделка состоялась и Александр Феликсович вернулся в Сальяны с новым членом семьи Александрой. В семье оказалось три человека с именем Александр – сам Александр Феликсович, его жена Александра Амвросиевна и приемная дочь 13-летняя Александра - три Саши.

Орест воспитывался дома и получил первое образование от отца и матери. Александр Феликсович был образованным человеком, окончил Тифлисскую классическую гимназию, учился два курса в Петровской Земледельческой и Лесной Академии и 4 года – на медицинском факультете Санкт-Петербургской Медико-Хирургической Академии. Мать Александра Авромиевна окончила 8 классов Мариинской женской гимназии в Баку и хорошо знала русский язык. Отец учил любознательного и способного сына арифметике и географии, мать – русскому языку.

Тем временем Александр Феликсович постепенно продвигается по службе. Прослужив 7 лет в должности мирового посредника Джеватского уезда Бакинской губернии, в 1885 году он производится в первый классный чин коллежского регистратора со старшинством с 1879 года. В 1886 году за прослужение на Кавказе в классной должности и первом чине 5 лет он получает надбавку к жалованию в размере 187 р. 50 к. в год.

Служба на Кавказе считалась опасной и нездоровой, особенно вблизи Каспийского моря, где находился Джеватский уезд, и награждение чинами там происходило быстрее чем в центральной России. Александр Феликсович получает свой следующий чин губернского секретаря в 1887 году, через 2 года после предыдущего чина вместо 3 лет, положенных в центральной России.

За усердную службу на Кавказе Александр Феликсович получает свой следующий чин коллежского секретаря уже в следующем 1888 года, через один год вместо трех.

"Обращение к чину коллежского секретаря - "Ваше благородие"

Табель о рангах Петра Первого

Ещё через год, в 1889 году мировой посредник Александр Феликсович производится в следующий чин коллежского секретаря и за прослужение в Закавказском крае 10 лет ему назначено добавочное жалование 275 р. в год.

Как мировой посредник Александр Феликсович занимался посредничеством в улаживании земельных споров между помещиками и водворенными на их земли временно-обязанными крестьянами, добиваясь мировой сделки. В его задачи входило определение земельных наделов крестьянам, определение их повинностей, отвод угодий, перенос усадеб, обмер земель, составление грамот на землю, разбор исков и жалоб крестьян и помещиков, оформление выкупа земельных наделов. Он имел право налагать взыскания – штраф до 5 рублей и арест до 7 дней и предавать нарушителей законодательства суду. Свои распоряжения и письма он писал на личном типографском бланке.

Наступает 1890 год. Александа Феликсовича переводят мировым посредником в Ленкорань.

1 апреля 1890 года умирает в Санкт-Петербурге его формальная жена Елизавета Константиновна и Александр Феликсович, не теряя времени, обращается в Бакинское Губернское Правление за разрешением вступить во второй брак. Его старший брат Орест Феликсович де Монфор занимал в Бакинском правлении видное положение и, узнав о положительном решении по этому прошению ещё до его подписания, сообщает об этом Александру Феликсовичу. Разрешение было выдано в июне 1890 года, но Александр Феликсович вступает в брак с Александрой Амвросиевной уже 27 мая 1890 года.

Метрическая запись о регистрации брака Александра Феликсовича Монфора с Александрой Амвросиевной Амоцкой 27 мая 1890 года

Причиной такой спешки было состояние здоровья Александра Феликсовича. Сырой климат Сальянской равнины оказался вредным для него, спровоцировав хроническую пневмонию. Так как медикаментозное лечение не давало нужных результатов, Александр Феликсович ещё в 1888 году выхлопотал себе двухмесячный отпуск в теплые сухие места Кавказа.

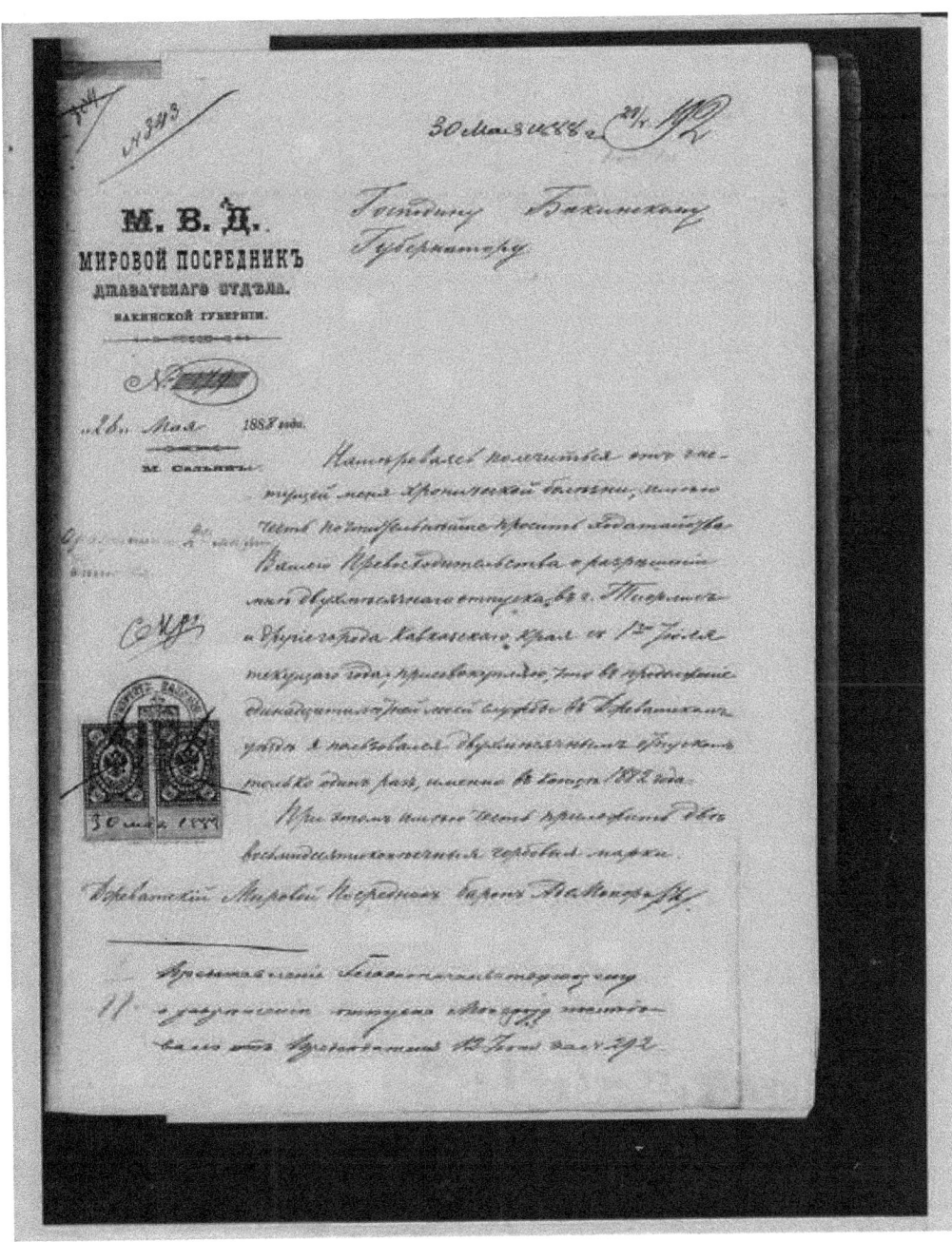

Прошение Александра Феликсовича де Монфора о предоставлении ему двухмесячного отпуска с 7 июля 1888 года

"Болен – лечись, здоров - берегись"
Народная мудрость

Лечебный отпуск дал результаты, но временные, оказавшись снова в гнилом климате Сальян, Александр Феликсович понял, что его хроническая пневмония неизлечима. Тем не менее, неся на себе бремя содержания семьи из 7 человек - он сам, жена Александра 30 лет, приёмная дочь Александра 22 лет, сын Александры от первого брака Евгений 8 лет, старшая дочь Мария 6 лет, сын Орест 4 лет и младшая дочь Анна 3 лет - Александр Феликсович продолжает усердно исполнять свои обязанности мирового посредника и быстро продвигается по службе. Уже через 2 года вместо положенных 3 лет он производится в чин титулярного советника, а ещё через год вместо трех – в коллежские асессоры.

"Обращение к чину коллежского асессора -
"Ваше высокоблагородие"
Табель о рангах Петра Первого

Однако чрезмерное усердие на службе не прошло даром – Александр Феликсович чувствует ухудшение здоровья. Понимая, что дальше откладывать нельзя, и под давлением жены в начале 1992 года он подает прошение в Бакинский Окружной Суд об усыновлении своих детей. Но не всех, а только своих собственных – Марию, Ореста и Анну. Приемная дочь Александра вообще не имела никакого отношения к семье Монфор, а Евгения Александр Феликсович не усыновлял по принципиальным соображениям, подозревая, что он – не от него.

Решение Бакинского Окружного суда состоялось 2 сентября 1892 года. Все трое были признаны детьми Александра Феликсовича.

Оно едва поспело к сроку. Через месяц 7 октября 1892 года Александр Феликсович умирает в Ленкорани в возрасте 46 лет от паралича сердца.

"Все под богом ходим"
Народная пословица

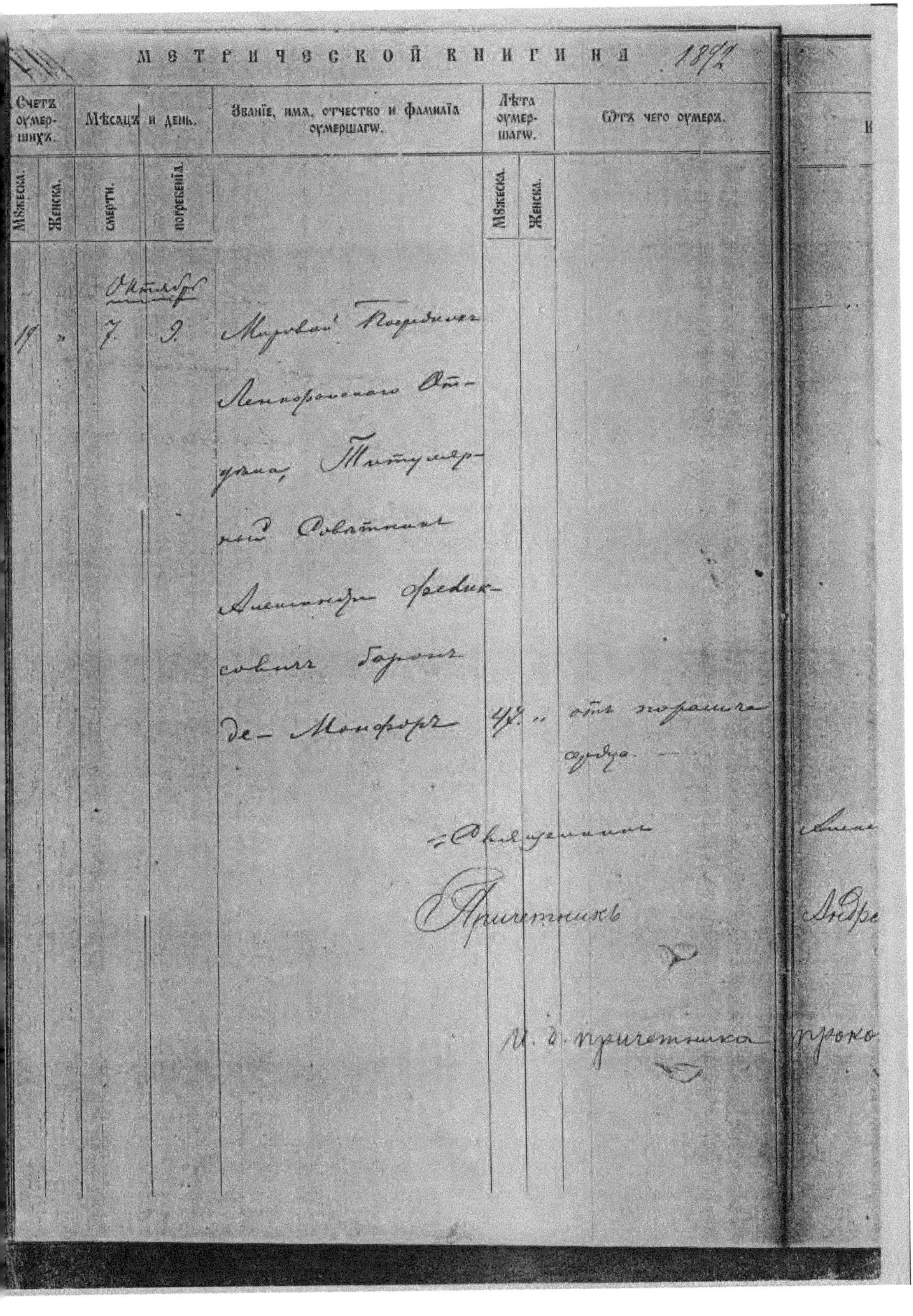

Счетъ оумершихъ.		Мѣсяцъ и день.		Званіе, имя, отчество и фамилія оумершагw.	Лѣта оумершагw.		Отъ чего оумеръ.	
Мужеска.	Женска.	смерти.	погребенія.		Мужеска.	Женска.		
19	»	7	9	Октябрь				

Мировой Посредникъ
Ленпоронскаго От-
дѣла, Титуляр-
ный Совѣтникъ
Александръ Фредик-
совичъ баронъ
де – Монфоръ   43   отъ поранина сердца. —

=Свидѣтельство

Причетникъ

И. Д. причетника

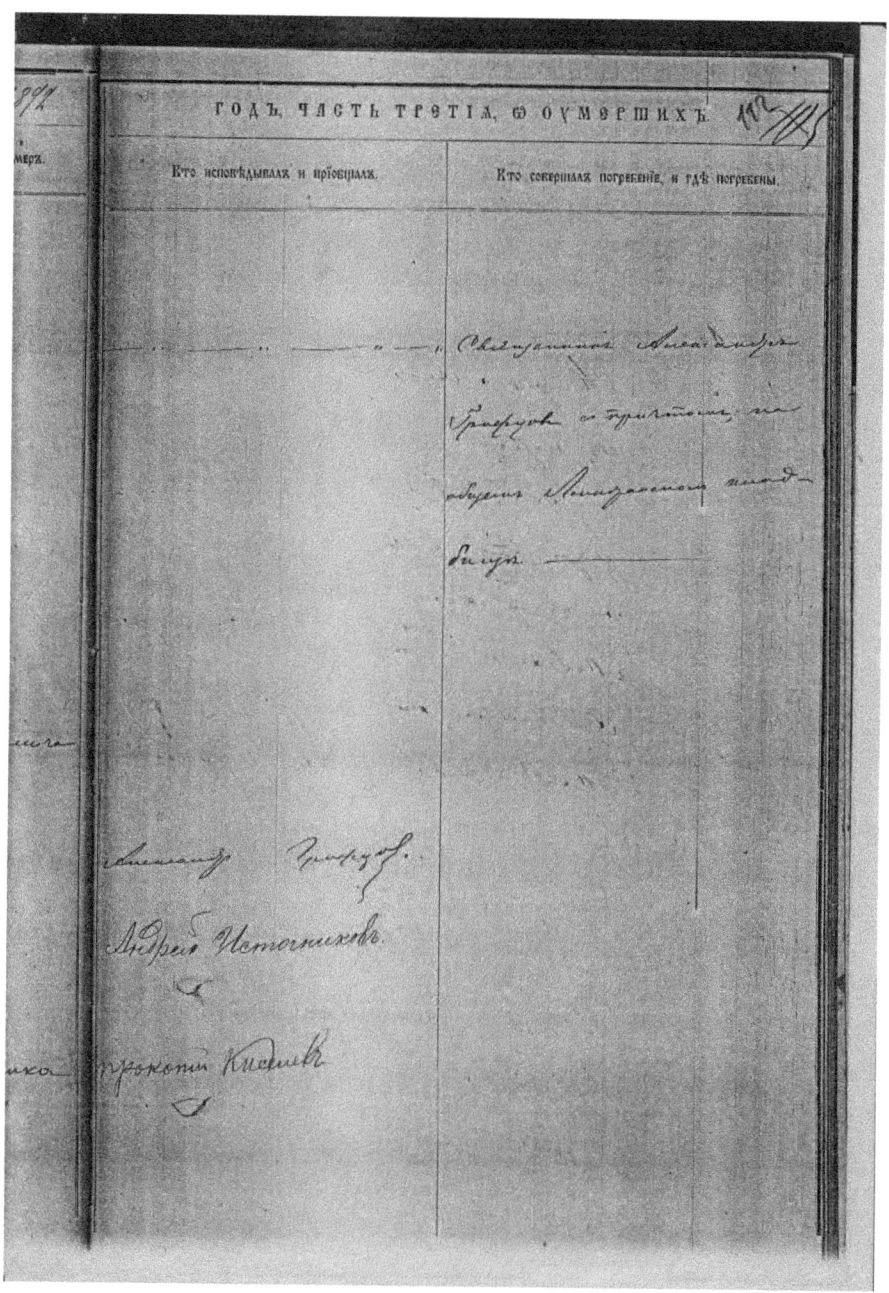

Метрическая запись о смерти Александра Феликсовича де Монфора 7 октября 1892 года

В метрической записи он назван титулярным советником, хотя на момент смерти он был уже чином выше – коллежским ассесором. Объясняется это тем, что чин коллежского ассесора был ему присвоен всего за четыре месяца до смерти, 16 июня 1892 года и соответствующий указ Правительствующего Сената ещё не дошел до Ленкорани.

Также не успели сведения о его смерти дойти до российских властей в Санкт-Петербурге, когда ему присваивали орден. Александр Феликсович получил орден Святой Анны 3 степени 3 февраля 1893 года, через 3 месяца после своей смерти.

На момент смерти в возрасте 46 лет в должности коллежского ассесора Александр Феликсович получал 2375 руб. в год, из них жалование – 750 руб., столовых – 750 руб., квартирных – 500 руб., добавочных – 375 руб. По тем временам это была вполне приличная зарплата.

Однако после его смерти его семья оказалась в бедственном положении, т.ак как пенсия по смерти кормильца составила всего лишь 500 руб. в год, причем с разделением между вдовой и детьми.

Расчет пенсии Александра Феликсовича де Монфора

Жизнь Ореста продолжается. В январе 1893 года в возрасте 7 лет на основе судебного решения о его усыновлении от 1892 года он получает новое свидетельство о рождении уже не как незаконнорожденный, а как законный сын Александра Феликсовича, и наследует его баронский титул.

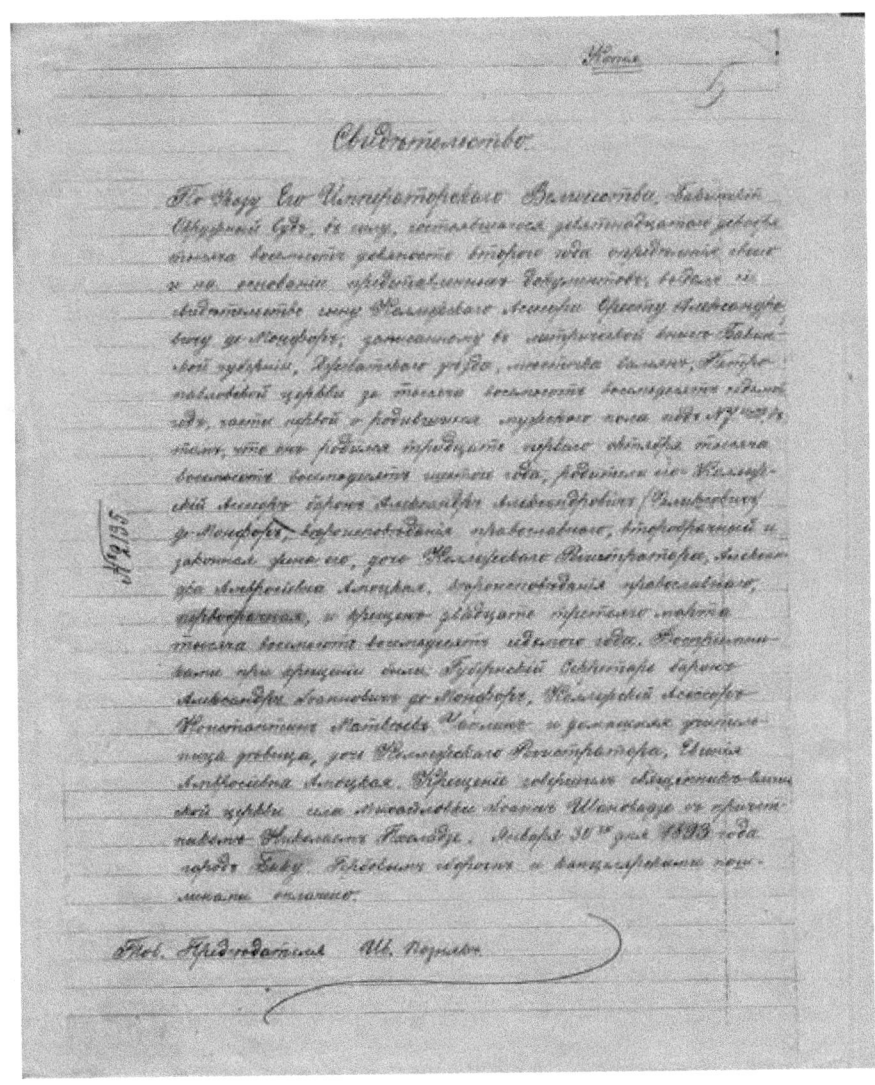

Свидетельство о рождении Ореста Александровича де Монфора от 30 января 1893 года

Не имея достаточных средств существования, мать Ореста Александра Амвросиевна перебирается со своей семьей в Тифлис, к своей младшей сестре Евгении Амоцкой, которая служила учительницей в местной школе и получала неплохое жалование для одинокой женщины. Евгения помогала Александре как могла, однако Александре, чтобы содержать четырех детей, приходилось подрабатывать случайными заработками - шитьем, вышиванием, починкой белья, приготовлением обедов.

Пятый ребенок, приемная дочь Александра, которой на тот момент было уже 24 года, поступает в Тифлисе на курсы акушерок , где вскоре выходит замуж за тифлисского адвоката Георгия Страхова и покидает семью.

Через 3 года, 12 сентября 1896 году Орест поступает в Первую Бакинскую Александра III Мужскую Гимназию. В отличии от простых училищ это была привилегированная гимназия, при поступлении в которую, помимо метрического свидетельства о рождении, формулярного списка отца и оспенного свидетельства, требовалось сдавать вступительные экзамены.

№ по порядку	ФАМИЛІЯ, ИМЯ и ОТЧЕСТВО.	Свѣдѣнія объ ученикѣ	№ № документовъ.	Гдѣ обучался ранѣе.	Въ который классъ держалъ экзаменъ	Законъ Божій	Греческій языкъ	
							Уст- ный	Пись- мен.
569.	Джафаровъ Илляси Молла Гусейнъ оглы		Метрич. св. № 454 Свид. об. № 767 Аттр. изъ школы Упр. от 2626	Бакин. реальн. учил. приг.	Въ 1й			
	Вѣроисповѣданіе	Мусульм.						
	Національность	Татаринъ						
	Состояніе	Городское						
	Время и мѣсто рожденія	1885. 26 мар. Тифлисъ						
570.	Де-монфоръ Орестъ Александровичъ		Метрич. свид. № 615 Отличн. свид. № 617 Прим. свид.	Дома	Въ 1й	4		
	Вѣроисповѣданіе	Православн.						
	Національность	Русскій						
	Состояніе	Дворян. потом.						
	Время и мѣсто рожденія	1886. 31 окт. Баку						
571.	Кузовкинъ Сергѣй				Въ 1й			
	Вѣроисповѣданіе							
	Національность							
	Состояніе							
	Время и мѣсто рожденія							
572.	Абраганянцъ Арменакъ Еремѣевичъ		Метрич. свид. Отличн. свид. № 43	Дома	Въ 1й			
	Вѣроисповѣданіе	Армяно-григор.						
	Національность	Армянинъ						
	Состояніе	Городское						
	Время и мѣсто рожденія	1884. 25 авг. Шемаха.						

Журнал вступительных экзаменов за 1896 год в Бакинскую Первую Александра III Мужскую Гимназию

Естественно, Орест представил последнее метрическое свидетельство о рождении, где он записан не как Амоцкий, а как де-Монфор. Домашние занятия дали результат: Орест сдал русский язык и арифметику на 4.

Обучался Орест в гимназии за казенный счет благодаря содействия своего дяди, действительного статского советника, тоже Ореста, Ореста Феликсовича барона де Монфора, получавшего в это время в возрасте 52 лет оклад жалования в 3900 руб. в год. Во время учебы Орест жил в Баку в его доме. Орест Феликсович делал это не только просто из желания помочь умершему младшему брату, но и потому, что Орест был назван в его честь. Талантливый старший Орест благоволил к способному младшему Оресту.

"Обращение к чину действительного статского советника -
"Ваше превосходительство"
Табель о рангах Петра Первого

В гимназический курс Ореста входило 14 предметов: Закон божий, Русский язык, Логика, Латинский язык, Греческий язык, Математика, История, Математическая География, Физика, Рисование, Чистописание, Немецкий язык, Французский язык и Гимнастика. В начале Орест был троешником.

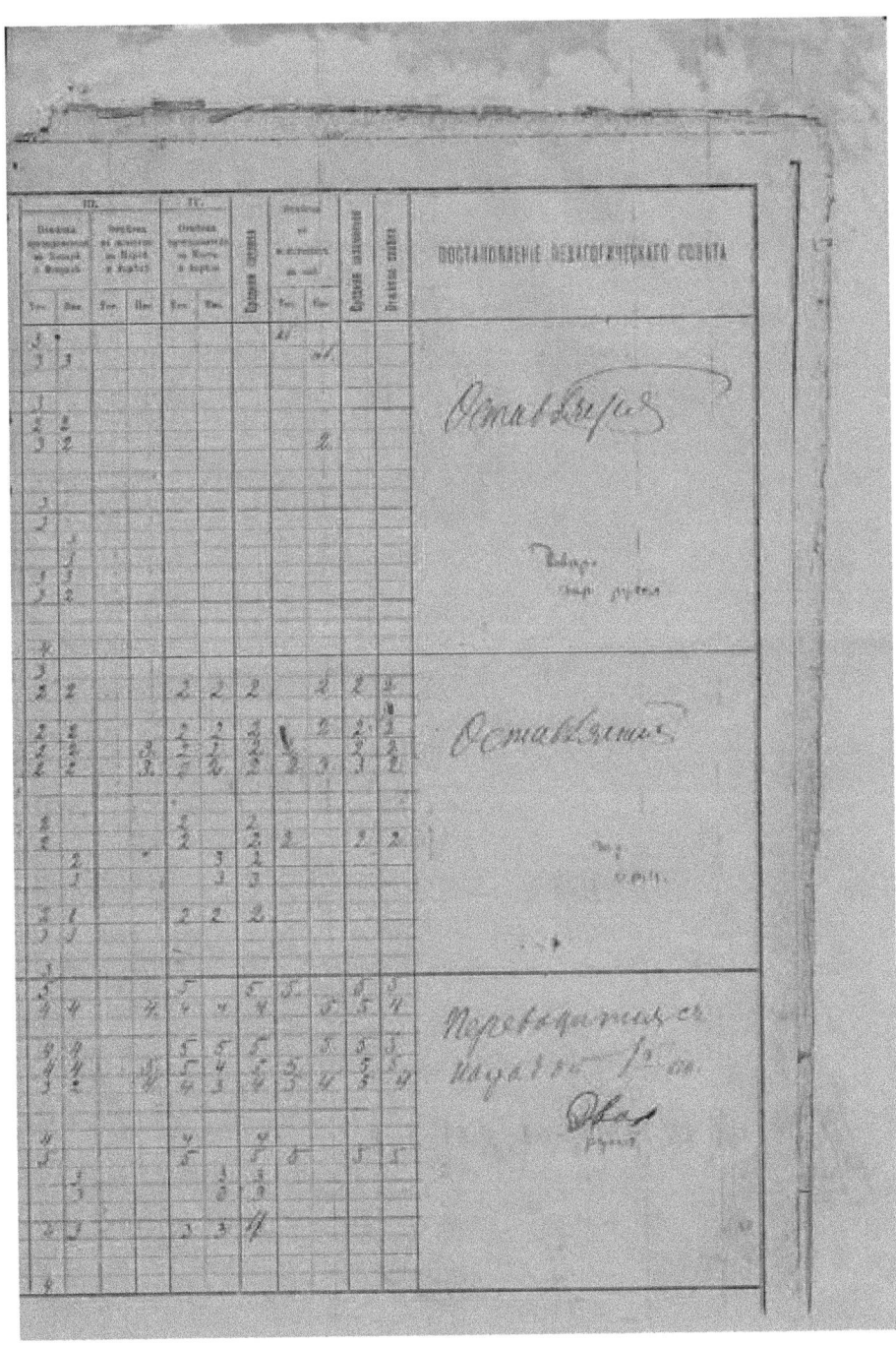

Ведомость успеваемости учеников 3-а параллельного класса 1-й Бакинской Александра III Мужской Гимназии за 1898/99 учебный год

Но потом подтянулся, особенно по языкам – русскому, греческому, латинскому, немецкому и французскому.

№ по порядку	1900–1901 уч. г. Фамилія и имя ученика	Учебные предметы	I Четверть		II Четверть		III Четверть	
			Отмѣтка успѣховъ	Отмѣтка прилежанія	Отмѣтка успѣховъ	Отмѣтка прилежанія	Отмѣтка успѣховъ	Отмѣтка прилеж.
1	По пріем. списку № 570 Д... Александръ Орестъ... Національность: Русскій Вѣроисповѣданіе: ... Сословіе (званіе): ... Годъ рожденія 18.. г. ... Ноября Который годъ въ классѣ: ... Въ низшихъ классахъ оставался по 2 года: Когда и въ который классъ поступилъ:	Законъ Божій	5		4		4	
		Русскій языкъ	4	4	4	4	4	4
		Логика		4				
		Латинскій языкъ	3		3	3	3	2
		Греческій языкъ	3		4	4	3	
		Ариѳметика						
		Алгебра	4	2	4	3	3	3	2
		Геометрія						
		Тригонометрія						
		Физич. географія						
		Физика						
		Исторія	3		4		4	
		Географія	3		3			
		Рисованіе						
		Чистописаніе						
		Нѣмецкій языкъ	4	4	4	3	4	3
		Французскій языкъ	4	4	4	4	4	
		Турецкій языкъ						
		Пѣніе						
		Гимнастика						

28

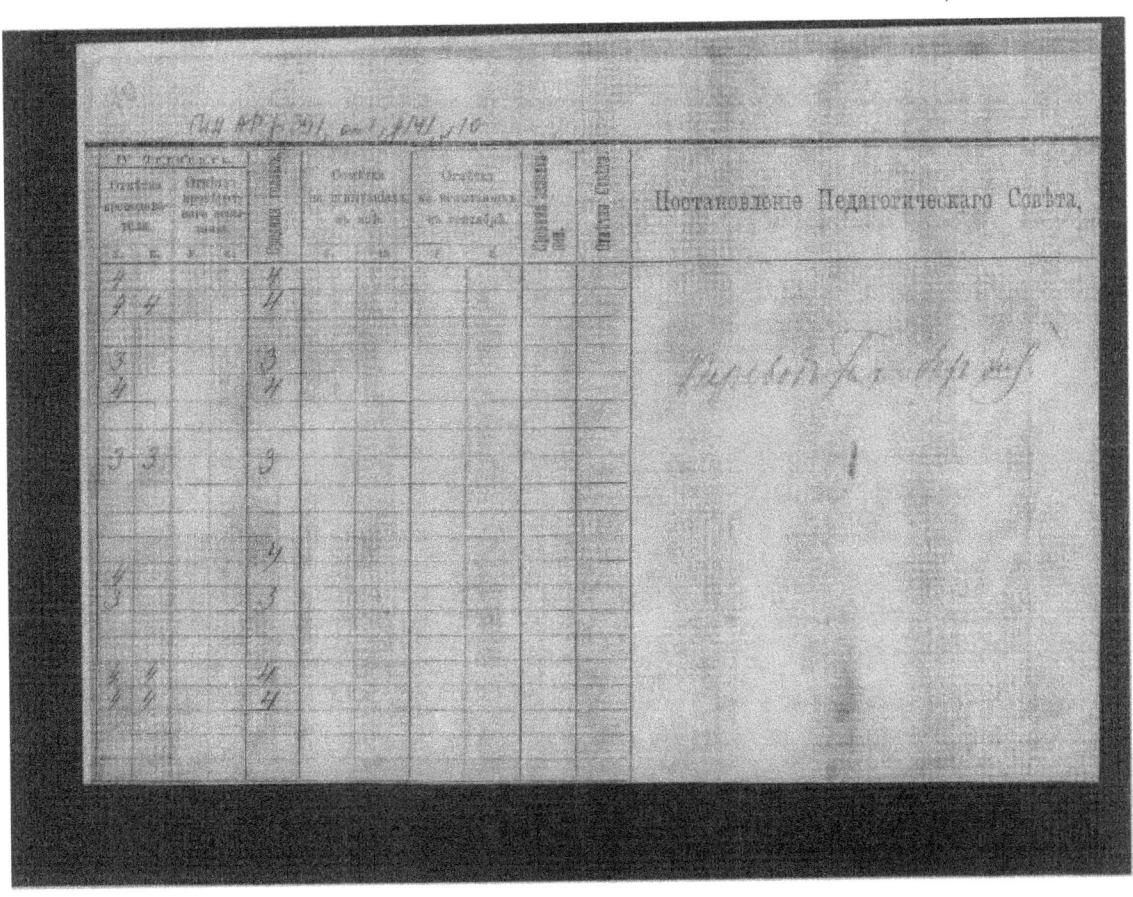

Ведомость об учебных занятиях учащихся 4-а класса 1-й Бакинской Александра III Мужской Гимназии за 1900 – 1901 учебный год

Уже с 15-летнего возраста во время учебы в гимназии, чтобы помочь семье, Орест подрабатывает случайными заработками, занимаясь частными уроками, перепиской документов, статистической работой, правкой корректуры, работая грузчиком, землекопом, сторожем, плотником.

Проучившись 9 лет, Орест закончил Бакинскую гимназию с серебряной медалью, не дотянув до золотой лишь из-за четверок по латинскому и греческому языкам.

АТТЕСТАТЪ ЗРѢЛОСТИ.

Данъ сей *Барону де-Монфоръ*

Оресту вѣроисповѣданія

православнаго, родившемуся въ мѣст. *Саль-*

Яны, *Бакин* губ. тысяча восемьсотъ *восемь-*

десятъ шестого

года, *октября 31* дня, обучавшемуся

девять лѣтъ

въ Бакинской гимназіи и пробывшему *одинъ годъ* въ VIII классъ, въ томъ,

ВО-ПЕРВЫХЪ, что, на основаніи наблюденій за все время обученія его въ

Бакинской **Императора Александра III** гимназіи поведеніе его вообще было

отличное исправность въ посѣщеніи и приготовленіи уроковъ, а также

въ исполненіи письменныхъ работъ *отличная*, прилежаніе

отличное и любознательность *полная*

ко всѣмъ предметамъ.

И **ВО-ВТОРЫХЪ,** что онъ обнаружилъ нижеслѣдующія познанія:

Предметы гимназическаго курса.	ОТМѢТКИ, ВЫСТАВЛЕННЫЯ:	
	Въ педагогическомъ совѣтѣ, на основаніи § 74 правилъ объ испытаніяхъ учениковъ гимназій, утвержденныхъ Г. М. Н. П. 12 марта 1891 г.	На испытаніи, происходившемъ: 4, 5, 11, 25, 26 апрѣля, 2, 3, 5, 7, 10, 11, 12, 13, 16 мая
Законъ Божій	5 (пять)	5 (пять)
Русскій яз. съ церковно-славянскимъ и словесность.	5 (пять)	5 (пять)
Логика	5 (пять)	— —
Латинскій языкъ	4 (четыре)	4 (четыре)
Греческій языкъ	5 (пять)	4 (четыре)
Математика	5 (пять)	5 (пять)
Математическая географія .	5 (пять)	— —
Физика	5 (пять)	— —
Исторія	5 (пять)	5 (пять)
Географія	5 (пять)	— —
Французскій языкъ	5 (пять)	5 (пять)
Нѣмецкій языкъ	5 (пять)	5 (пять)

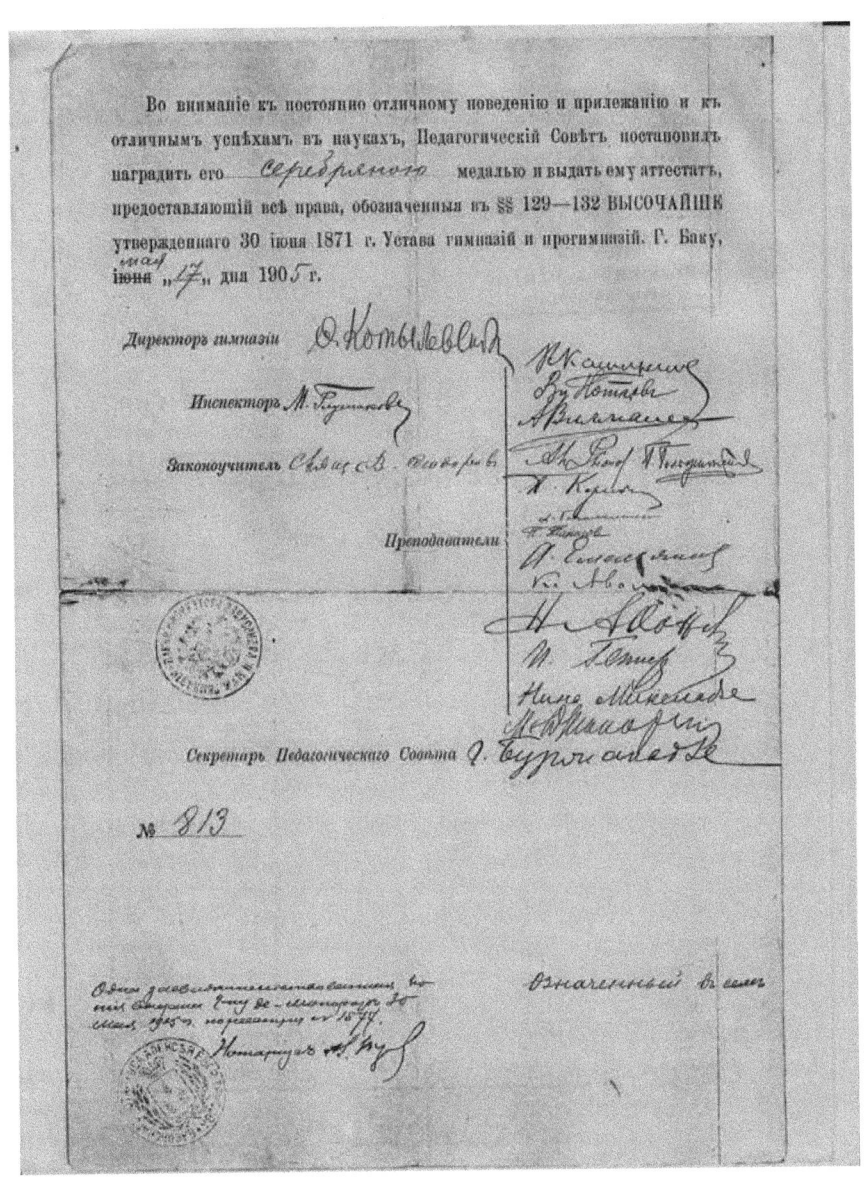

Аттестат Зрелости Ореста де Монфора от 17 мая 1905 года

Внешне он производил впечатление умного красивого мальчика с большим будущем.

Фотография Ореста де Монфора по окончании гимназии 3 августа 1905 года

В апреле 1904 года Орест как военнообязанный получает свидетельство о приписке к призывному пункту. В ней указано, что барон Орест де Монфор, родившийся 31 октября 1886 года, подлежит отбыванию воинской повинности с 1908 года. До 1 марта 1908 года он должен представить сведения составе его семьи, а в случае обучения в высшем учебном заведении - представить соответствующее подтверждение. Однако отсрочка отбывания воинской повинности в связи с обучением в высшем учебном заведении не могла быть продлена далее, чем по достижении им 27-летнего возраста. 27 лет Оресту исполнялось в октябре 1913 года.

Окончив Бакинскую гимназию с серебряной медалью, Орест решает поступить в высшее учебное заведение, рассчитывая на местную кавказскую стипендию. Такую кавказскую стипендию получал его дядя Орест Феликсович с 1862 по 1866 годы во время учебы в Санкт-Петербургском Университете. Идя по стопам дяди, Орест заручился поддержкой Бакинской гимназии, которая по окончании им гимназии ходатайствовала перед Попечителем Кавказского учебного округа о выделении ему в числе других трех человек кавказской стипендии.

Рассчитывая на стипендию и следуя заветам отца, который закончил 4 курса Санкт-Петербургской медико-хирургической академии, Орест подает прошение в Московский университет на медицинский факультет.

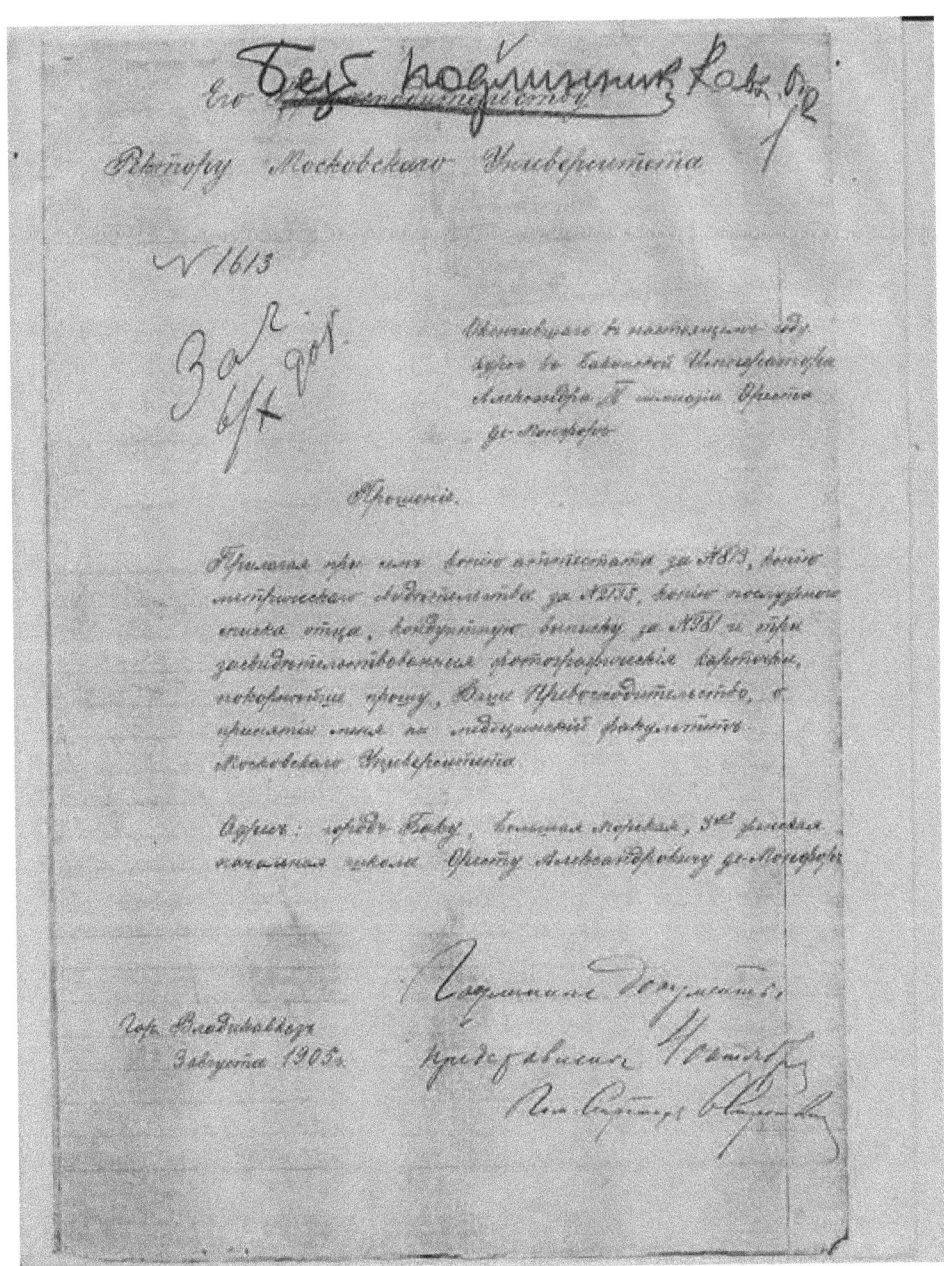

Прошение Ореста о принятии на медицинский факультет Московского Университета от 3 августа 1905 года

Орест был зачислен на медицинский факультет Московского Университета в 1905 году, однако учиться там ему не пришлось. Кавказскую стипендию ему не дали, а сам он был не в состоянии платить за слушание лекций 100 руб. в год. Другая причина состояла в том, что из-за студенческих волнений в период первой русской революции Московский Университет был закрыт с октября 1905 года.

В этот период, с сентября до конца ноября 1905 года Орест знакомится с видным деятелем РСДРП А.Я.Вышинским, который привлек его к работе в комиссии содействия бакинской организации РСДРП , занимается сбором взносов, распространением нелегальной литературы, участвует в маёвках, сходках и демонстрациях в Москве, похоронах Н.Э.Баумана 20 октября 1905 года.

Любопытно, что сам Московский Университет не признает прекращения занятий в 1905 году из-за студенческих волнений. После открытия университета Оресту выдается свидетельство об отчислении, в котором причиной отчисления указывается не закрытие университета, а невзнос оплаты.

Свидетельство об увольнении Ореста де Монфора из Московского Университета от 3 мая 1907 года

Узнав, что стипендиат Кавказской стипендии студент того же медицинского факультета Московского университета Лильев отказался от этой стипендии, Орест обращается к директору Бакинской гимназии с просьбой ходатайствовать перед Попечителем Кавказского Учебного Округа о выделении этой стипендии ему. Директор гимназии Ф.Е.Котылевский соглашается и 10 октября 1905 года вторично подает ходатайство в Кавказский учебный округ. В своем ходатайстве он очень лестно отзывается об Оресте, отмечая его прекрасное поведение, хорошие успехи и в тоже время действительную бедность.

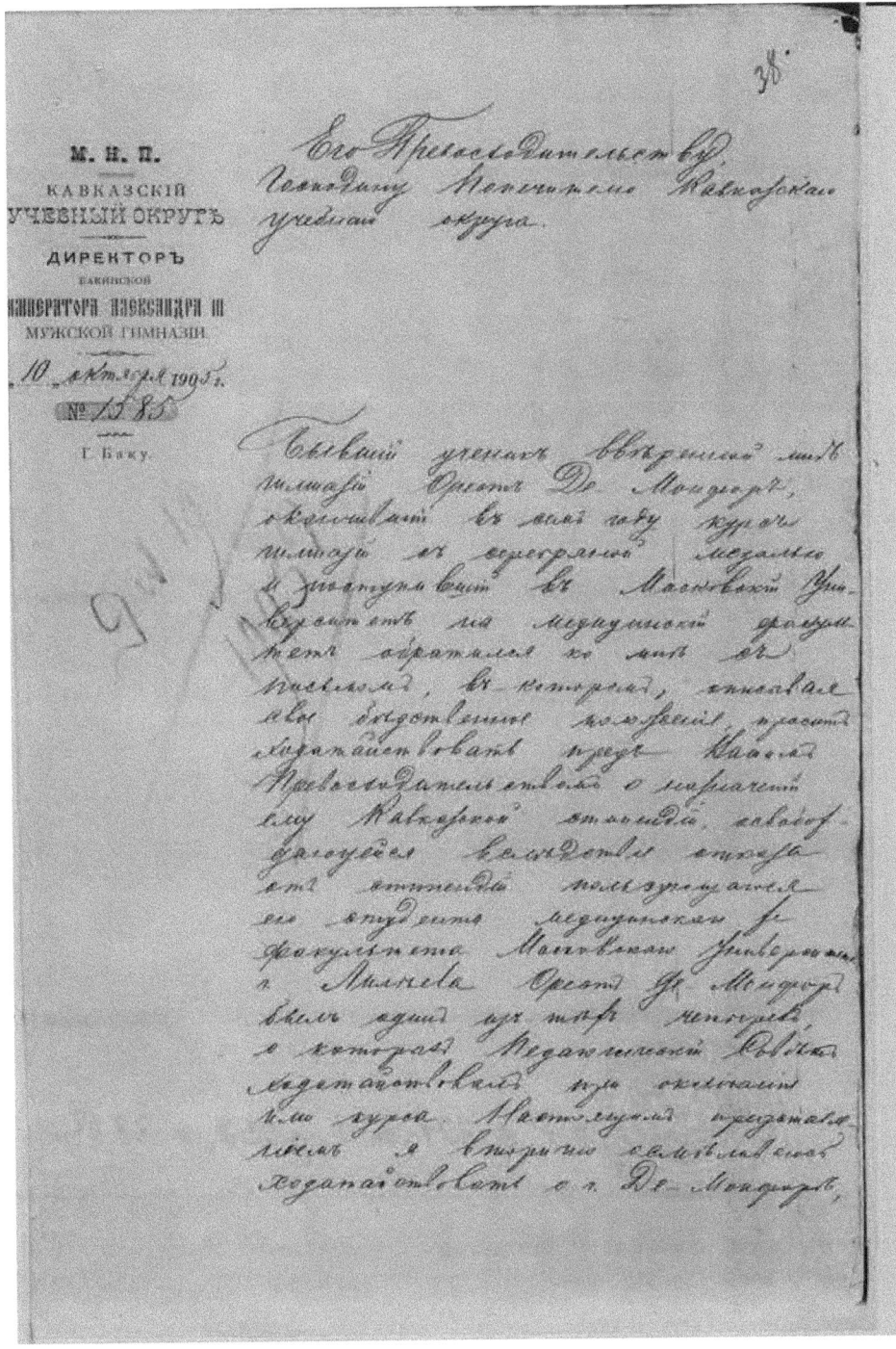

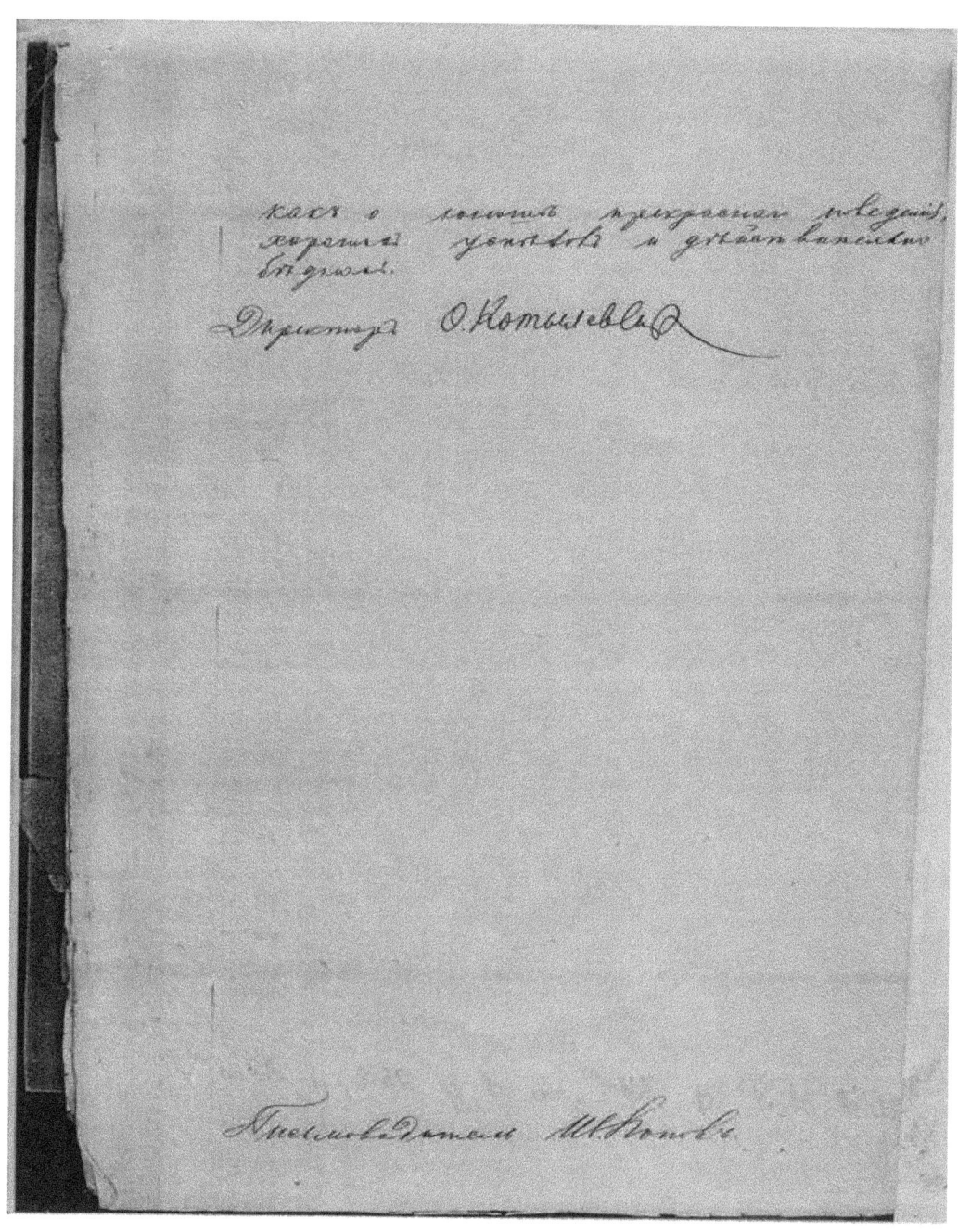

Ходатайство директора Бакинской Императора Александра III Мужской Гимназии Ф.Е.Котылевского о выделении Оресту де Монфору Кавказской стипендии от 10 октября 1905 года

Однако стипендия по жребию досталась другому студенту.

Попытки получить стипендию как сознательные действия не дали желаемого результата из-за случайности жеребьёвки.

Орест возвращается в Баку, где дает уроки русского языка и арифметики, чтобы заработать деньги на дальнейшее обучение.

"Если ты такой умный – почему ты такой бедный?"
Провокационный вопрос грузинов к русским в СССР

Одновременно он участвует в работе Бакинской организации РСДРП, занимаясь сбором средств, распространением нелегальной литературы, организацией вечеров для рабочих. Его "крестным отцом" в этой нелегальной партийной работе в Баку был тот же А.Я.Вышинский.

1 июня 1907 года Орест подает прошение на экономическое отделение недавно открывшегося Петербургского Политехнического Института.

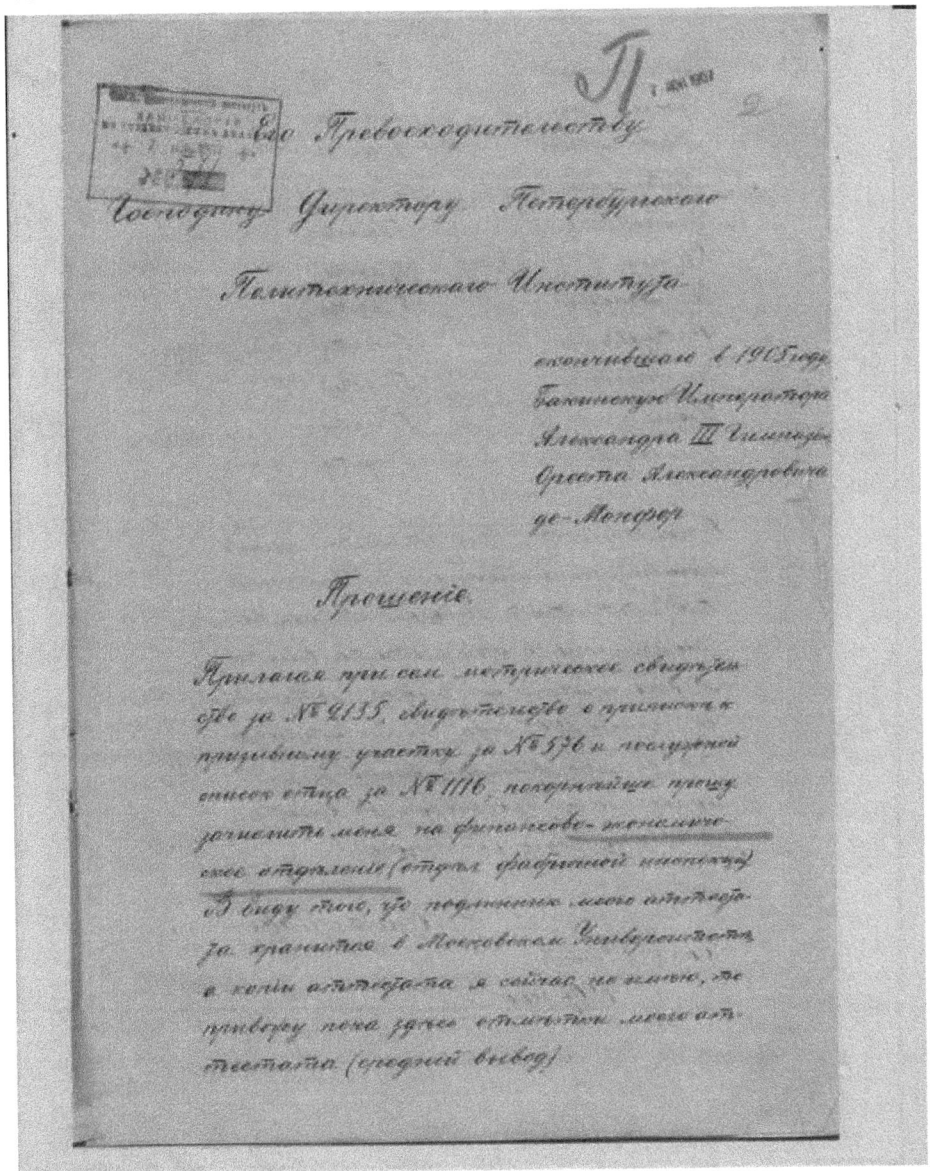

Прошение Ореста де Монфора в Санкт-Петербургский Политехнический Институт от 1 июня 1907года

"Своя воля, своя и доля"
Народная мудрость

Выбрав экономическое образование вместо медицинского, Орест надеялся получить более перспективное, практичное и дешевое высшее образование. На тот момент он заработал на частных уроках в Баку 90 рублей, кроме того, ему помогала сестра Мария, работавшая учительницей в бакинской школе.

Орест был зачислен в институт 31 июля 1907 года.

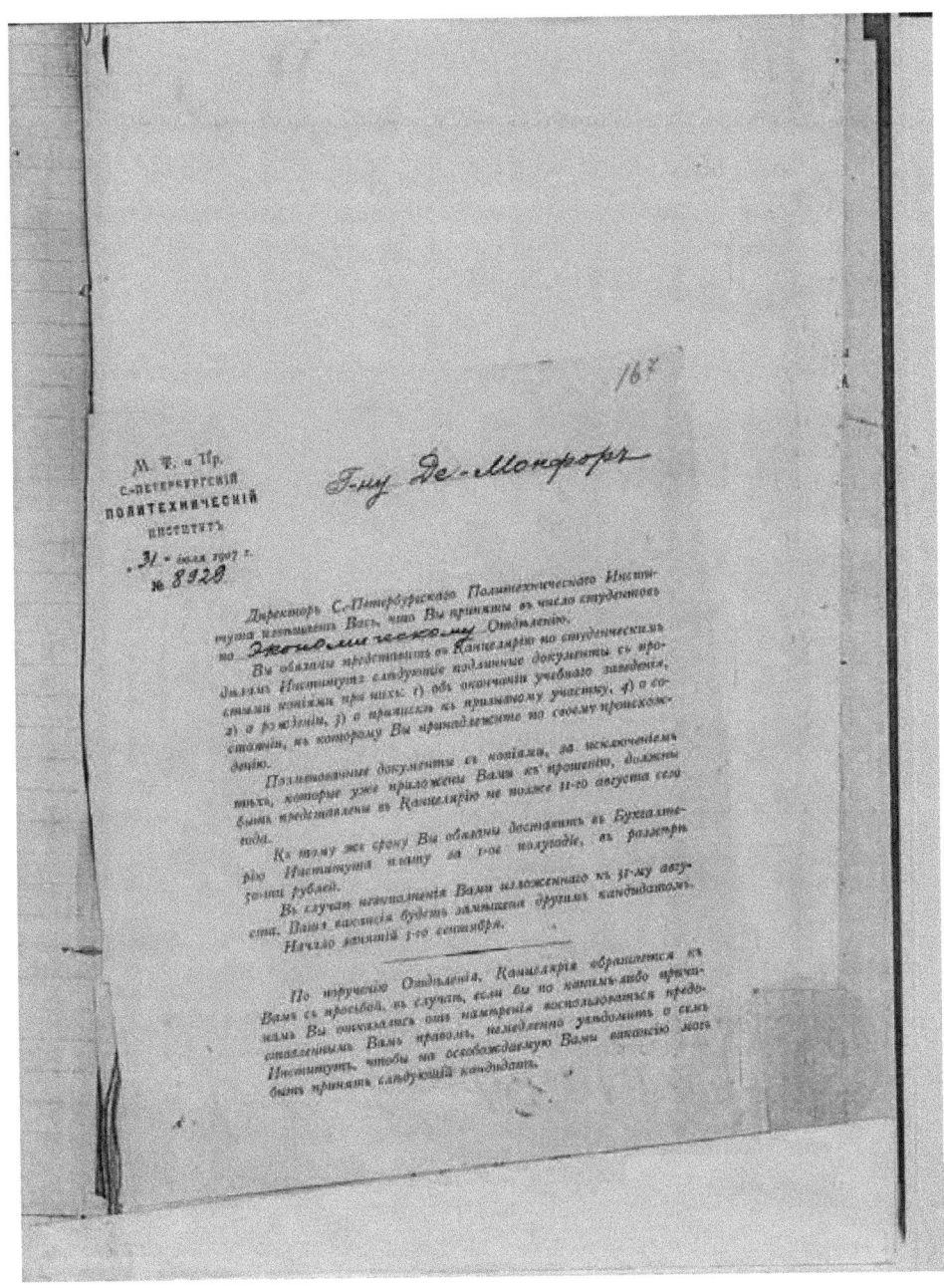

Зачисление Ореста де Монфора в Санкт-Петербургский Политехнический Институт от 31 июля 1907года

Все иногородние должны были получать право на проживание в Санкт-Петербурге. Для Ореста основанием для проживания служил факт поступления в Политехнический Институт. 1 сентября 1907 года он получает свидетельство на право проживания в столице. Такое свидетельство выдавалось на год и его требовалось возобновлять каждый год.

Свидетельство, выданное Оресту де Монфору на право проживания в Санкт-Петербурге от 1 сентября 1907года

Поступив в Политехнический институт и понимая, что заработанных денег на долго не хватит, Орест подает новое прошение в Училищную комиссию при Бакинской Городской Управе о выделении ему одной из бакинских городских стипендий.

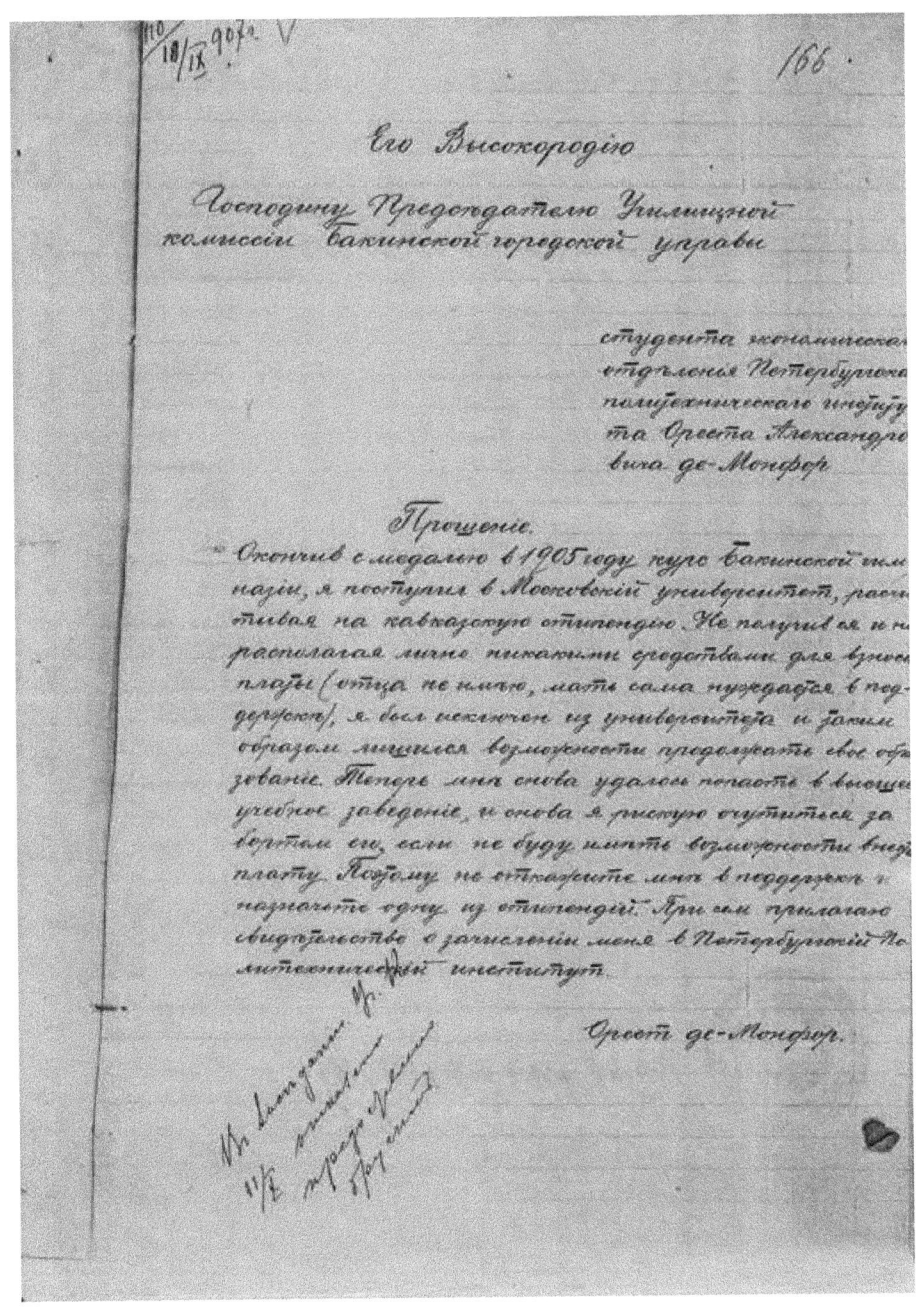

Прошение Ореста де Монфора в Училищную комиссию при Бакинской Городской Управе от 10 сентября 1907 года о назначении ему стипендии

Ещё ранее, 5 июня 1907 года мать Ореста Александра Амвросиевна подала аналогичное прошение в ту же училищную комиссию, в котором она описывает бедственное положение своей семьи.

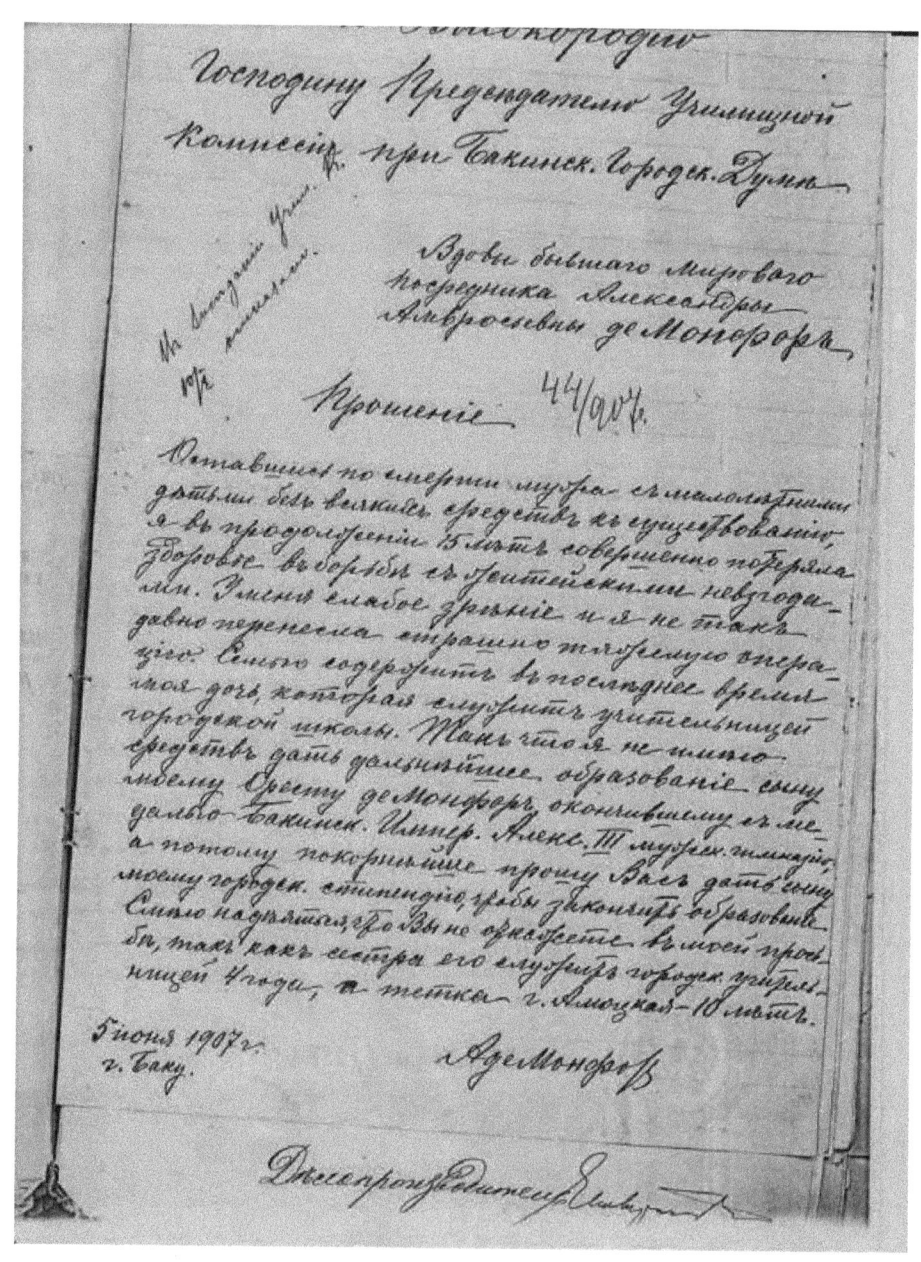

Прошение Александры Амвросиевны де Монфор в Училищную комиссию при Бакинской Городской Управе от 5 июня 1907 года о назначении Оресту де Монфору стипендии

Однако все эти прошения не помогли: единственная стипендия по жребию досталась студенту Томского Политехнического Института Петрову.

Опять сознательные действия натолкнулись на противодействие случайности жребия.

В этот период морально-нравственные зигзаги, характерные для всей судьбы Ореста де Монфора, проявились особенно заметно. Обучаясь за казенный счет в гимназии в течение 9 лет, он затем в Москве и Баку участвует в подрыве государственного строя, благодаря которому он учился бесплатно, а потом снова просит государство о финансовой помощи для продолжения образования.

Орест не получил стипендии, однако ему удалось получить освобождение от оплаты за слушание лекций в течение первых трех лет обучения в Политехническом Институте.

Однако освобождение от уплаты за слушание лекций - это не стипендия, и Оресту для оплаты за проживание и питание пришлось подрабатывать перепиской документов, работой в качестве корректора, землекопа, грузчика, кондуктора, сторожа.

"Лучше быть здоровым и богатым, чем бедным и больным"
Сермяжная правда

Как студент финансово-эномического отделения отдела фабричной инспекции Орест изучал в институте такие предметы как товароведение, гражданское право, государственное право.

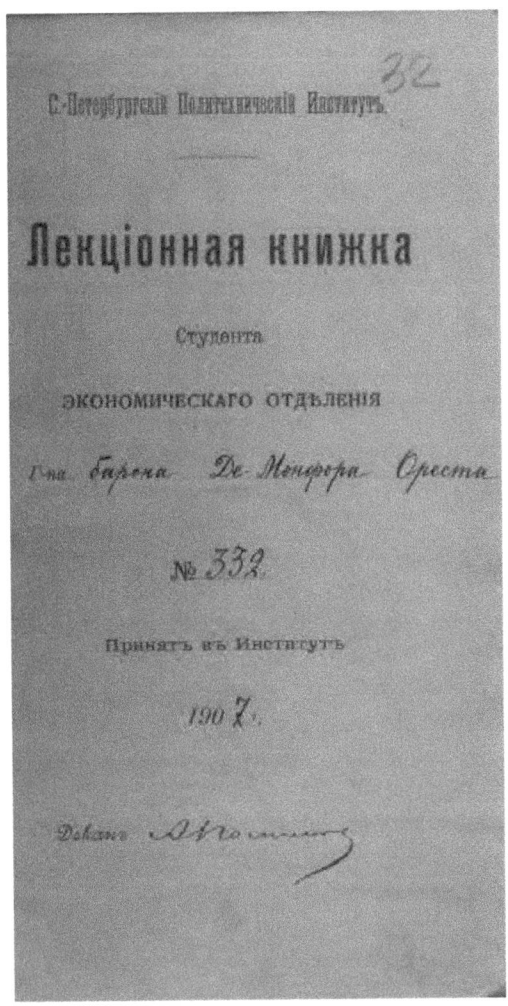

Лекционная книжка студента Экономического отделения С.-Петербургского Политехнического Института Ореста барона де Монфора

В дореволюционной России существовали строгие правила воинского учета и те, кому полагалась отсрочка от призыва, должны были своевременно подтверждать право на неё. Оресту, которому такая отсрочка полагалась как студенту высшего учебного заведения, приходилось делать это каждый год, подавая соответствующее прошение в администрацию Политехнического Института.

Господину Профессору-Завѣдующему студентами С.-Петер-
бургскаго Политехническаго Института

Студента *I* курса

экономическ отдѣленія

принятаго въ Институтъ въ *190* году

(Имя, отчество) *Орестъ Александрович*

(фамилія) *де-Монфор*

ПРОШЕНІЕ.

Покорнѣйше прошу выдать мнѣ удостовѣреніе въ томъ, что я
состою въ числѣ студентовъ Института _____

для представленія *в бакинское* ~~уѣздное~~ *воинское присутствіе*

и предметъ *отсрочки по отбыванію воинской повинности*

(Подпись) *Орестъ Монфор.*

30 апрѣля дня 1908 г.

*Удостовѣреніе за № 2579
1 мая получилъ Орестъ
Монфор.*

Прошеніе студента С.-Петербургского Политехнического Института Ореста барона де Монфора от 30 апреля 1908 года о выдаче удостоверения студента

После получения такого удостоверения оно направлялось местное уездное присутствие по воинской повинности для предоставления студенту отсрочки от призыва в армию.

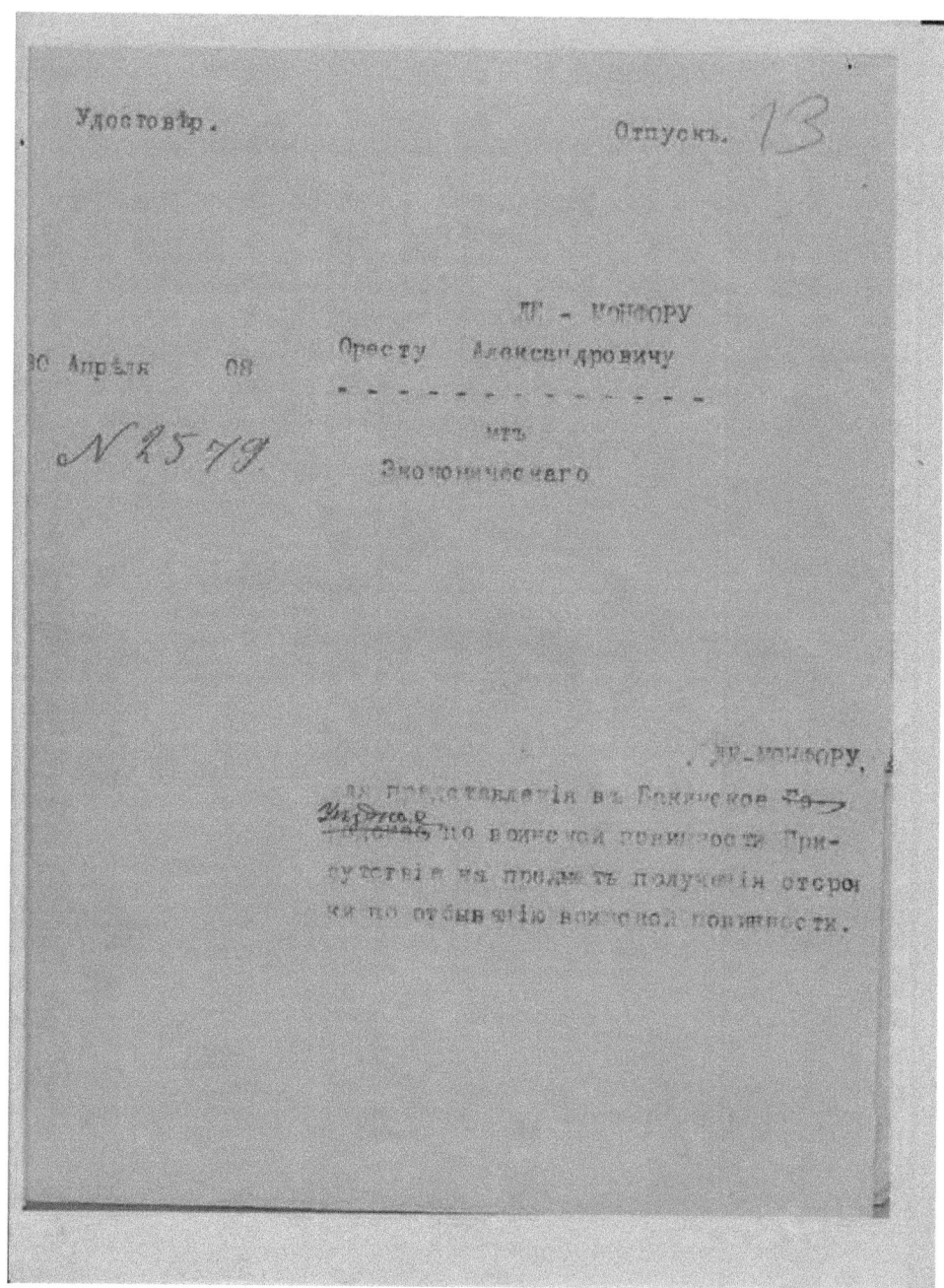

Свидетельство об отсрочке от призыва, выданное Оресту де Монфору из С.-Петербургского Политехнического Института 30 апреля 1908 года

В те годы студенты при призыве в армию получали статус вольноопределяющегося, которому было предоставлено право самому выбирать род войск и дату призыва. Самоопределяющийся также быстрее производился в первый офицерский чин.

Мировоззренческие зигзаги в жизни Ореста продолжались. Получая освобождение от оплаты за слушание лекций в Политехническом институте, в качестве "благодарности" он участвует в

Санкт-Петербурге в революционной агитации, за что в 1909 году был арестован полицией на нелегальном собрании в Политехническом Институте вместе с другими студентами.

Освобождение от оплаты за слушание лекций закончилось в 1910 году после трех лет учебы в Политехническом Институте и Орест остался без средств на учебу.

"Пришла беда – открывай ворота"
Народная пословица

Беда не приходит одна и в довершении всего Орест заболевает паратифом.

Не имея возможности лечиться в Санкт-Петербурге и будучи уволенным из института, Орест переезжает в Москву, где к этому времени обосновалась его старшая сестра Мария и мать Александра Амвросиевна.

"Беды мучат, да уму учат"
Народная мудрость

Мария, окончившая Мариинскую женскую гимназию в Баку с золотой медалью и много помогавшая Оресту платить за обучение, проработала учительницей в 3-й Бакинской женской школе 4 года и, скопив средства и получив единовременное пособие от Бакинской Городской Думы в размере 150 руб., в стремлении получить высшее образование в 1907 году поступает на Высшие женские курсы в Москве. На момент ухода Ореста из Петербургского Политехнического Института в 1910 году она жила в Москве, на Девичьем поле в бесплатном казенном помещениии женских курсов. Вскоре после того как она начала учебу на курсах к ней в Москву переехала её мать Александра Амвросиевна. Ради помощи детям она устроилась на работу заведующей студенческой столовой, получая за это всего лишь 30 руб. в год.

Осев в Москве и переборов паратиф, Орест решает вновь поступить в Императорский Московский Университет и 25 июля 1910 года подает прошение зачислить его на юридический факультет.

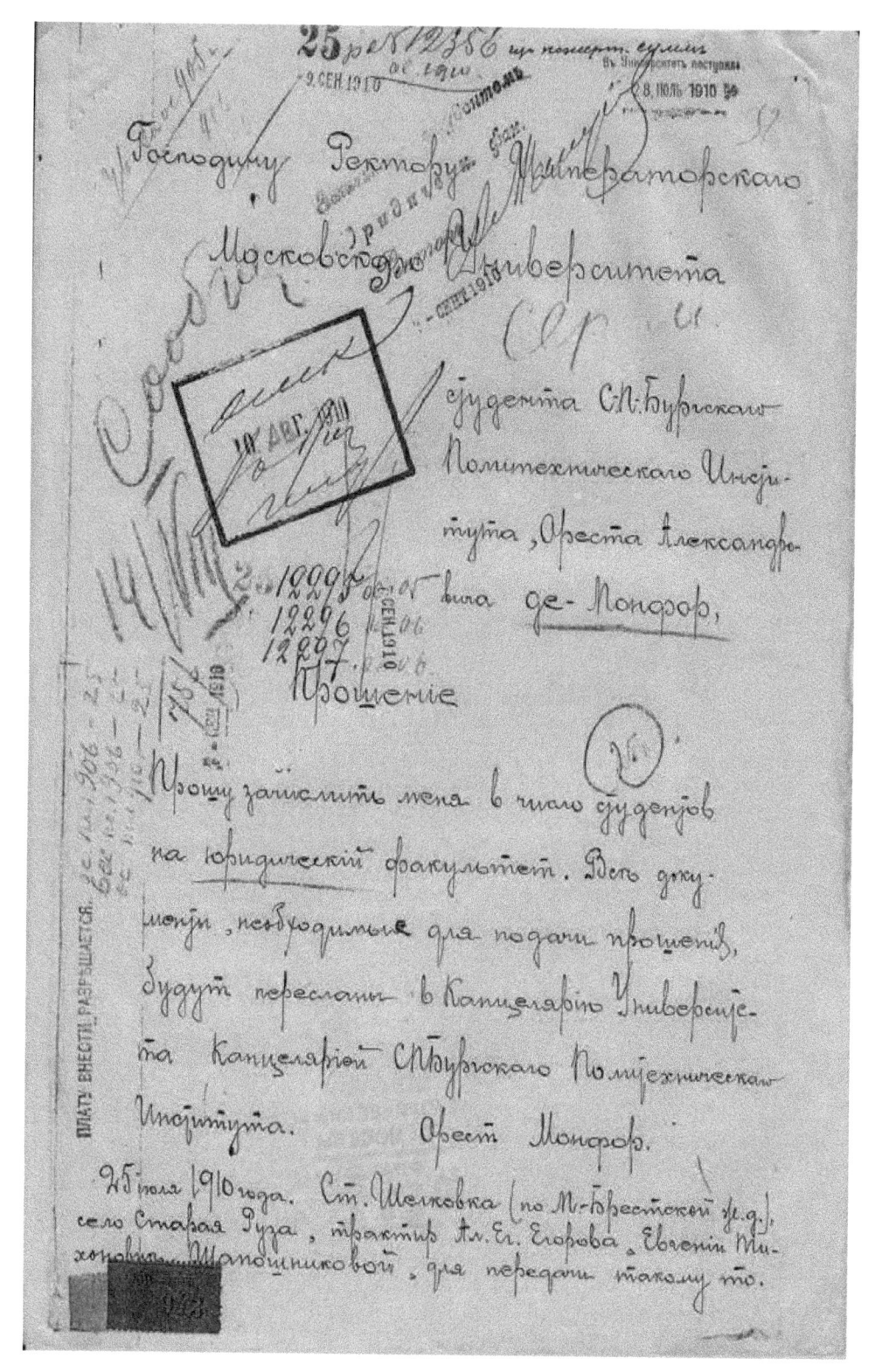

Прошение Ореста Александровича де Монфора от 25 июля 1910 года о зачислении его в Императорский Московский Университет

Коньюнктурные зигзаги, характерные для всей жизни Ореста де Монфора, отчетливо проявились в пору его студенчества: сначала - медицина, потом – экономика, затем – юриспруденция.

11 ноября 1910 года Орест де Монфор зачисляется на 1-й курс юридического факультета Императорского Московского Университета.

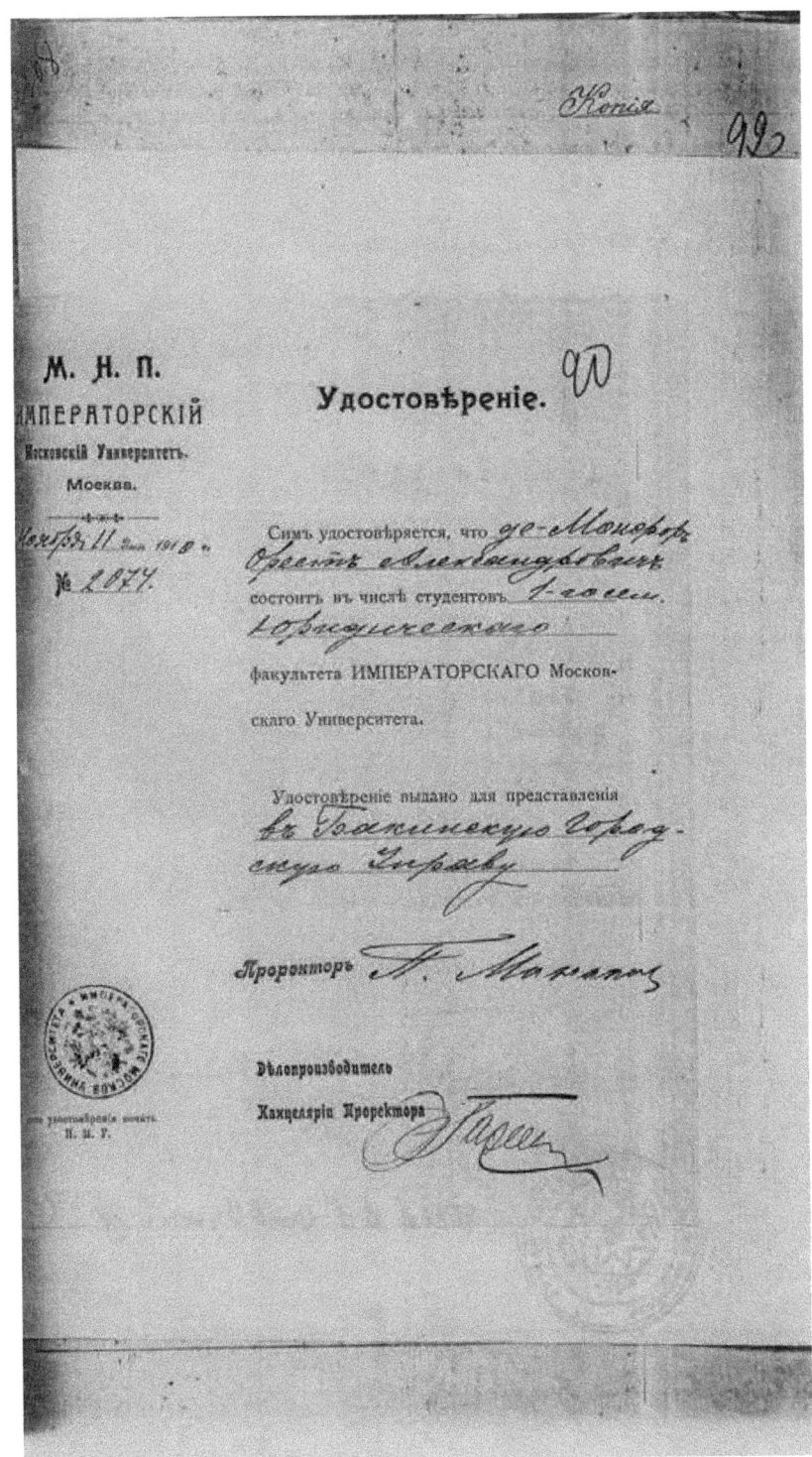

Удостоверение от 11 ноября 1910 года о зачислении Ореста Александровича де Монфора в Императорский Московский Университет

Поступив в университет, Орест снова, уже в пятый раз обращается в Училищную комиссию при Бакинской Городской Управе с просьбой выделить ему стипендию для продолжения учебы, описывая все тяготы своей жизни и бедственное материальное положение.

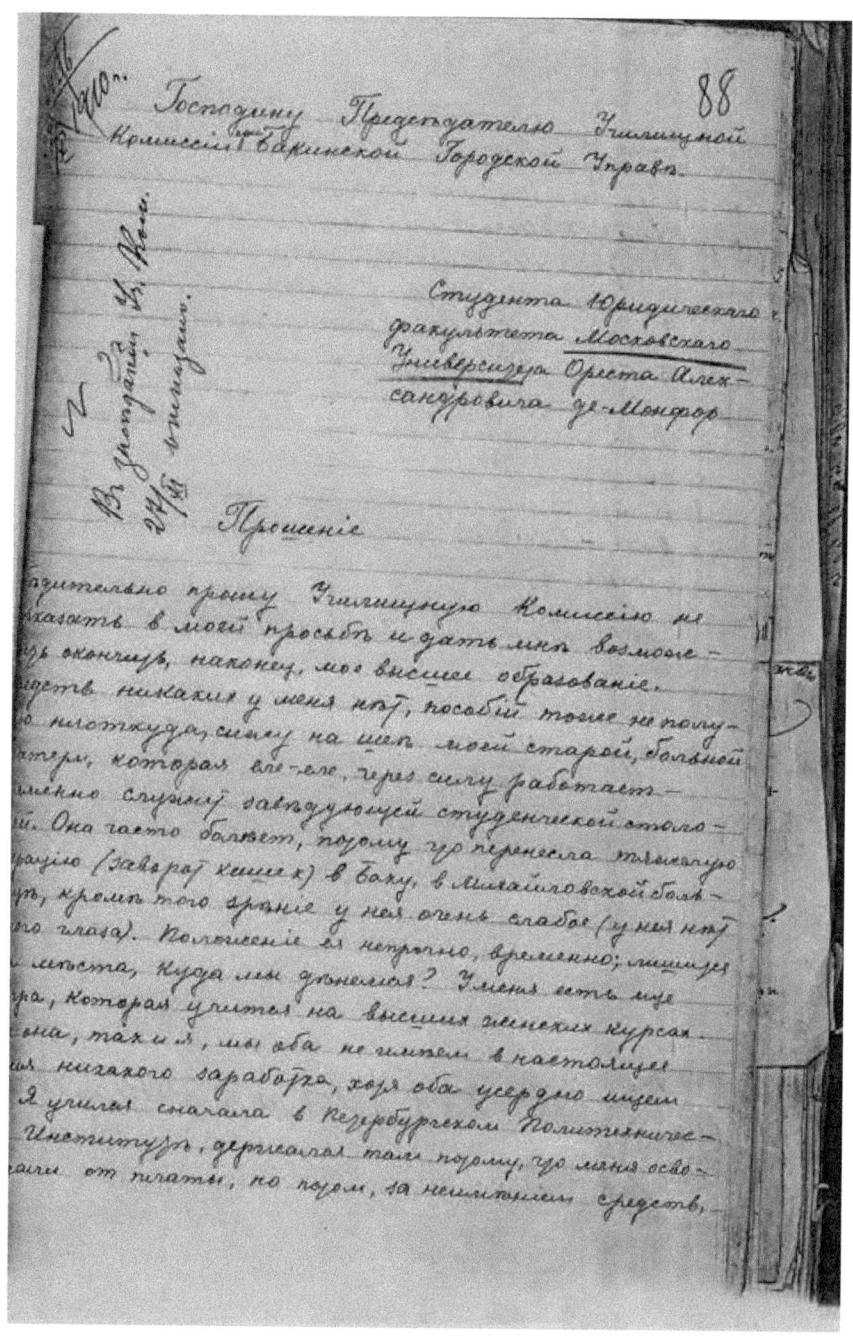

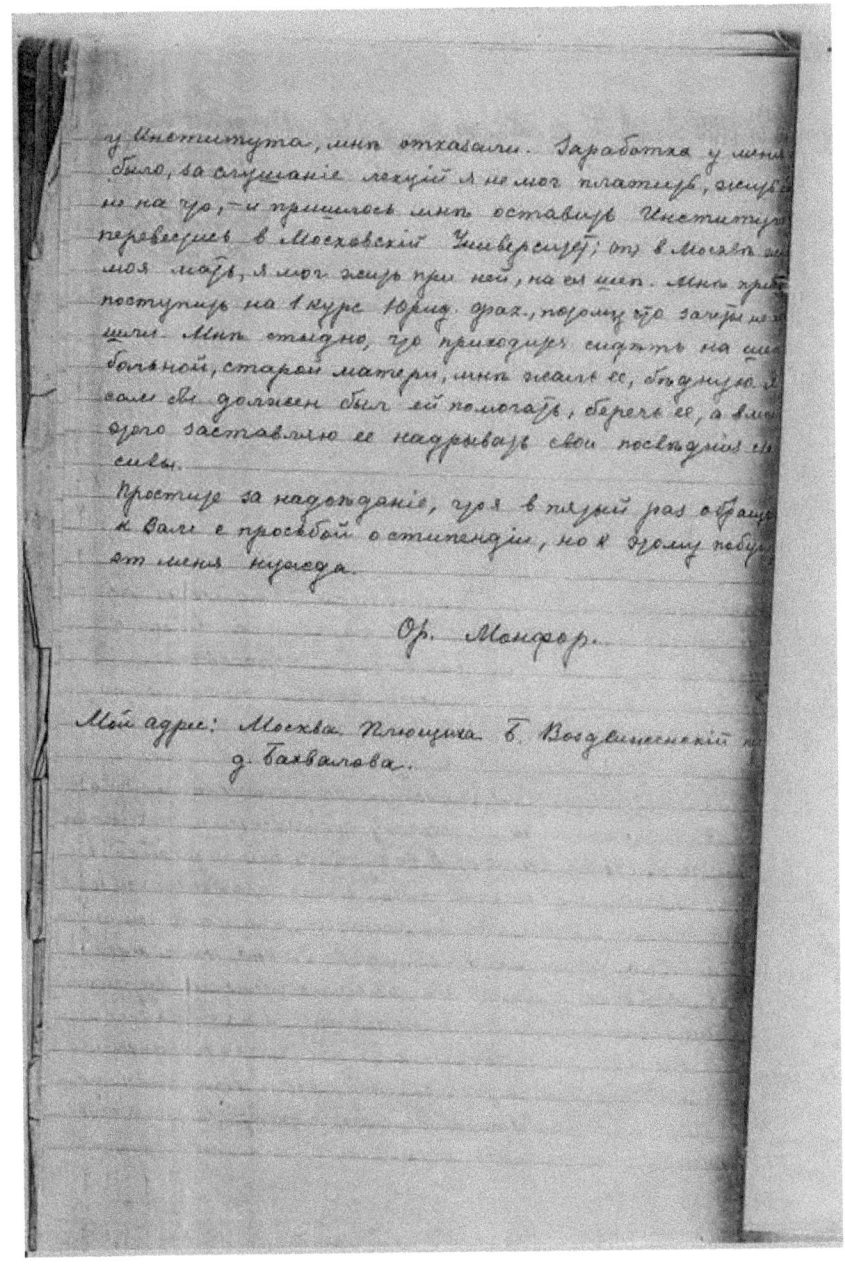

Прошение Ореста де Монфора Председателю Училищной Комиссии при Бакинской Городской Управе от 27 октября 1910 года

На этот раз Оресту повезло и решением Училищной комиссии при Бакинской Городской Управе от 27 ноября 1910 года ему была выделена Кавказская стипендия для учебы в Московском Университете.

За время обучения в Московском университете в течение восьми полугодий Орест получил зачетную оценку "весьма удовлетворительно" по следующим дисциплинам:

Энциклопедия права – в 1911 году;
История римского права – в 1911 году;
История русского права – в 1911 году;
История философии права – в 1914 году;
Политическая экономия – в 1912 году;
Статистика – в 1912 году;
Государственное право русское и иностранных держав – в 1914 году;
Церковное право – в 1914 году;
Судебная медицина – в 1912 году.

Помимо этих дисциплин Орест прослушал полный курс лекций, но не сдавал зачеты по следующим дисциплинам:

Римское право;
Финансовое право;
Административное право;
Гражданское право;
Гражданский процесс;
Уголовное право;
Уголовный процесс;
Торговое право;
Международное право

Орест де Монфор в форме студента Императорского Московского университета, 1914 год

Накопив серьёзную базу знаний, Орест мечтал о солидной карьере адвоката.

Однако случайность в очередной раз перечеркнула долговременные целеустремленные действия Ореста – началась Первая мировая война.

Во время учебы в Московском Университете Орест неоднократно обращался в Бакинское Уездное Воинское Присутствие в просьбой отсрочить ему как студенту отбывание воинской повинности до 15 июня 1815 года, когда он должен был закончить учебу в университете. Однако

Бакинское Воинское Присутствие сочло возможным предоставить отсрочку лишь до 15 июня 1914 года.

Как следствие сокращения сроков обучения на год, Орест не успел составить кандидатское сочинение, на которое отводился последний год учебы. По существовавшим правилам присвоение диплома об окончании университета было невозможно без представления и защиты кандидитского сочинения, поэтому вместо диплома об окончании университета Орест получил Выпускное Свидетельство.

Выпускное свидетельство барона Ореста Александровича де Монфора от 19 мая 1914 года

Приближался конец отсрочки от отбывания воинской повинности и Орест как вольнопределяющийся выбирает службу в пехоте и получает по мобилизации назначение в Александровское военное училище. Обучение в военном училище приравнивалось к военной службе.

Орест Александрович де Монфор вступил в воинскую службу в Александровское военное училище юнкером рядового звания 1 октября 1914 года.

Принял присягу на верность Царю и отечеству 5 октября 1914 года.

Срок обучения в этом училище в годы войны составлял всего 4 месяца и 28 января 1915 года Орест был произведен чин унтер-офицера, а уже 1 февраля 1915 года в чине прапорщика был отправлен с маршевой ротой на фронт.

> "Меньше взвода не дадут, дальше Кушки не пошлют"
> *Офицерская поговорка*

Путь на фронт был долгий, с остановками для переформирования и комплектования частей. Одним из пунктов переформирования был Смоленск, где Орест провел несколько недель. Не успев толком проститься со своей семьей при поспешном отъезде из Москвы, он сообщает об этом своей старшей сестре Марии и она, все бросив, едет к нему на свидание в Смоленск. Для этого она получает краткосрочный отпуск на Московских Высших Женских Курсах.

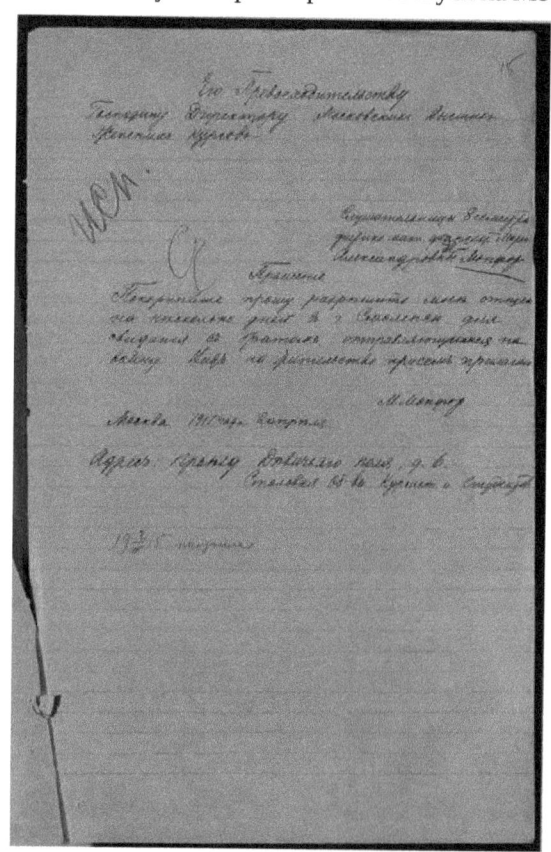

> "Для милого дружка – сережку из ушка"
> *Народная пословица*

Прошение Марии де Монфор о разрешении ей краткосрочного отпуска в Смоленск для проводов Ореста на фронт от 2 апреля 1915 года

Близкие родственные отношения Ореста и Марии сохранились на всю их жизнь.

Прибыв в театр военных действий Западного фронта, Орест был назначен в 111-й Пехотный Донской полк 28-й Пехотной дивизии в 9-ю роту младшим офицером с 10 апреля 1915 года и сразу принял участие в боях у деревни Кольница близь озера Кольно. 27 мая 1915 года он назначается временно командующим 7-й ротой и воюет в этой должности до 20 сентября 1915 года, когда был ранен в бою у озера Нарочь в Белоруссии.

В этот день 9-я рота под его командованием наступала на фольварк Остров, укрепленный и занятый неприятелем между озерами Медзиоль и Нарочь. Его рота штыками выбила неприятеля из фольварка и затем, преследую отступающего противника, захватили высоты западнее фольварка Остров, на которых и закрепилась. Во время атаки Орест проявил мужество, храбрость и распорядительность и несмотря на ураганный огонь неприятеля шел вперед и был ранен осколком неприятельской шрапнели в икроножные мышцы правой и левой ноги.

> "Или грудь в крестах или готова в кустах"
> *Солдатская поговорка*

За этот бой Орест получил орден Св. Анны 4 степени с надписью "За храбрость".

Профессиональные зигзаги в жизни Ореста в этот период проявились особенно заметно. В возрасте 29 лет, проучившись в гимназии и двух вузах, сменив три гражданские университетские квалификации, Орест геройски проявил себя в военной службе. 17 ноября 1915 года Орест производится в первый офицерский чин поручика.

Орест Александрович де Монфор, поручик, командир роты 111-го Пехотного полка 28-й Пехотной дивизии, Западный фронт, 1915 год

Орест находился на лечении от ранения сначала в московском госпитале Соединенного банка, затем дома в реабилитационном отпуске в своей семье в Москве. Последние месяцы реабилитации он провел в Штабе 28-й Пехотной дивизии. Всего Орест лечился 7 месяцев - с сентября 1915 года по апрель 1916 года.

Военные ордена в те времена присваивались не только за конкретные боевые подвиги, но и просто за выслугу лет на передовой линии фронта. Орест получает свой второй орден – орден Св. Станислава 3 степени с мечами и бантом - 29 декабря 1915 года, находясь на излечении.

Материальное положение Ореста наконец-то улучшилось. В армии он получал 1032 руб. в год, из них жалование – 732 руб., квартирные – 180 руб., добавочные – 120 руб. Теперь он был в состоянии не только сносно существовать сам, но и помогать своей матери и старшей сестре Марии, которые так много сделали для него во время учебы.

“Живи всяк своим умом да своим горбом”
Народная мудрость

Орест возвращается в свой 111-й Пехотный полк на передовую 11 апреля 1916 года и сразу участвует в боях в Западной Белоруссии. После захвата русскими войсками деревни Камаришки Орест был назначен военным комендантом деревни и прослужил в этой должности 2 месяца. За бои на передовой в течении 1916 года он вторично награждается 8 октября 1916 года орденом Св. Станислава 3 степени с мечами и бантом.

В январе 1917 года в район Крево – Вилейка в Западной Белоруссии Орест получает второе ранение – контузию и отравление газами.

В характере Ореста в период его военной службы проявились ранее неприсущие ему черты – храбрость и распорядительность, благодаря которым он быстро продвигался по служебной лестнице. За бои на передовой в должности командира роты и временно командующего батальоном в январе - феврале 1017 года он производится 23 февраля 1917 года в чин штабс-капитана, а 13 сентября 1917 года награждается орденом Св. Анны 2 ст. мечами.

“Горя бояться – счастья не видать”
Народная поговорка

Устраивается и семейная жизнь Ореста. С момента лечения в московском госпитале он поддерживает отношения с медсестрой госпиталя Людмилой Ашехмановой, которая ухаживала за ним в госпитале.

*Людмила Николаевна Ашехманова, 1915
год*

"Выбирай жену не в хороводе, а в огороде"
Народная мудрость

Людмила была вместе с Орестом всю ос тавшуюся жизнь.

Орест де Монфор и Людмила Ашехманова (сидят справа), Западный фронт, 1917 год

Нагрянула Февральская революция 1917 года и гражданско-мировоззренческие зигзаги проявились в характере Ореста с новой силой. В чине штабс-капитана царской армии он избирается полком в состав делегации, направляющейся в Петроград для приветствия Исполкома рабочих, солдатских и крестьянских депутатов. По возращении на фронт он избирается председателем первого полкового комитета 111-го полка, затем – членом дивизионного комитета 28-й Пехотной дивизии. У него были хорошие отношения с солдатами, однако офицерство на него сильно косилось и даже пыталось исключить его из состава полка. Как грамотный юрист в конце августа 1917 года Орест де Монфор избирается председателем только что созданного полкового суда.

"Другие времена - другие нравы"
Народная мудрость

Октябрьская революция застала Ореста на фронте. Сильно поредевший 111-й Донской полк целиком перешел на сторону советской власти. Орест избирается командиром батальона.

Штабс-капитан Орест де Монфор, 1917 год

После роспуска старой армии Орест с невестой Людмилой возвращается к своей семье в Москву, на Девичье поле.

Его старшая незамужняя сестра Мария в это время преподает математику в Московском Высшем 5-классном училище.

Мария Александровна Монфор

Мать Александра Амвросиевна 56 лет, слабого здоровья, слепая на один глаз и незамужняя тетя Евгения Амвросиевна Амоцкая 51 года живут в семье на содержании Ореста.

Вскоре Орест женится на Людмиле Николаевне Ашехмановой.

Людмила Николаевна Ашехманова, 1918 год

С опубликованием Декрета о формировании Красной Армии в январе 1918 года Орест де Монфор добровольно вступает в её ряды в марте 1918 года и как опытный офицер с 17 марта 1918 года назначается помощником Начальника Разведывательного отделения Штаба Западного фронта продолжающейся Первой мировой войны.

Проработав 4 месяца, с 12 июля 1918 года он назначается Начальником Разведывательного отделения.

С окончанием Первой мировой войны в 1918 году и началом Гражданской войны в мае 1918 года Орест переводится в Штаб Восточного фронта в г. Арзамас и 15 сентября 1918 года назначается помощником Начальника Разведывательного отделения Штаба Восточного фронта и воюет в этой должности против белочехов и армии Колчака до конца 1920 года.

Орест Александрович Монфор, 1918 год

В этой должности Орест в полной мере проявляет свои недюжинные аналитические способности, что не остается без внимания со стороны руководства. Приказом от 13 апреля 1920 года по войскам 5-й Армии за проявленные способности и приложение разумной инициативы по ведению работ в должности Начальника Разведывательного Отделения Штаба 5-й Армии он награждается серебрянным портсигаром с надписью "Честному воину Рабоче-Крестьянской Красной Армии от ВЦИК. 1919 год".

Помимо текущей работы по предоставлению секретной разведывательной информации по заданию Штаба 5-й Армии Орест составлял аналитические информационные материалы как для служебного пользования так и для открытой публикации. В 1920 году он составил обзор под названием "Краткие сведения о вооруженных силах Китая", за что 27 мая 1920 года получил благодарственную телеграмму от Главнокомандующего 5-й Армии.

В начале 1921 год Орест в возрасте 35 лет и его сын Саша в возрасте 1 года и 8 месяцев перенесли дизентерию и получали в это время усиленное питание.

Разведывательное Управление Штаба Рабоче-Крестьянской Красной Армии в эти годы выполняло следующие задачи:
а) Организация глубокой стратегической разведки в иностранных государствах;
б) Организация в зависимости от международного положения активной разведки в тылу противника;
в) Ведение по мере надобности разведки в политической, экономической и дипломатической областях;
г) Сбор и обработка всякого рода изданий иностранной прессы и военно-статистической литературы;
д) Обработка и издание материалов по всем видам разведки с составлением сводок, описаний и обзоров, выдача заключений о возможных стратегических предположениях и планах иностранных государств, вытекающих из данных о подготовке к войне;
е) Получение от всех ведомств, имеющих заграничную агентуру, материалов, интересующих Разведывательное Управление;
ж) Руководство деятельностью разведывательных органов на фронтах.

На основании собранных материалов по вооруженным силам Китая в 1922 году под редакцией О.А.Монфора вышла брошюра А.М.Никонова "Современный Китай. Краткий обзор страны и её вооруженных сил. По данным к 1-му апреля 1922 года." Издание Разведывательного Управления Штаба Рабоче-Крестьянской Кр. Армии. Москва 1922 г.

Брошюра "Современный Китай. Краткий обзор страны и ее вооруженных сил" 1922 год

В эти годы в семействе Монфоров сложилась парадоксальная, но типичная для тогдашней России ситуация, когда брат воевал против брата. Точнее, два брата - против их родного брата.

Родной брат Ореста Евгений в отличие от Ореста не принял советскую власть и, окончив 2-ю Казанскую школу прапорщиков, в конце 1918 года поступил офицером в армию Колчака в Иркутске.

Двоюродный брат Ореста Евгений Орестович барон де Монфор дослужился в царской армии до чина генерала, однако принял советскую власть и воевал в Гражданскую войну, сначала в Главном штабе РККА в Москве, а с июня 1920 года по июль 1921 года – помощником Начальника Штаба Главнокомандующего по Сибири.

Оба брата – Орест Александрович и Евгений Орестович – служили в одном штабе – Штабе Отдельной 5-й Армиии Главнокомандующего по Сибири, первый – в должности помощника Начальника Разведывательного отделения штаба, второй - в должности помощника Начальника штаба.

Так сложилось в семействе Монфоров, что с 1918 года по 1920 год Евгений Орестович Монфор и Орест Александрович Монфор воевали против Евгения Александровича Монфора.

Они победили, однако родственные чувства сыграли свою роль в дальнейшей судьбе Евгения Александровича после поражения Колчака и последовавшего преследования белогвардейских офицеров.

Детали участия Евгения Орестовича и Ореста Александровича в судьбе Евгения Александровича остались неизвестными, однако известно, что он не был репрессирован и через 20 лет появился в Казани, где провел остаток своей жизни. Где провел эти 20 лет Евгений Александрович – неизвестно.

Жена Ореста Людмила во время его службы в Сибири жила со своими родными в г. Рыбинске, где в 1919 году родила сына Александра.

По окончании Гражданской войны в Сибири, в июне 1920 года Орест переводится в Москву в Штаб Революционных Вооруженных Сил Республики и назначается помощником Начальника Разведывательной части штаба.

Орест Александрович Монфор, помощник Начальника Разведуправления Полевого штаба РВСР, 1920 год

Через год службы ему присваивается чин полковника Генштаба РККА и он утверждается Начальником Первой части Разведуправления штаба, где служит до апреля 1924 года.

Орест Александрович Монфор, Начальник Первой части Разведуправления Полевого штаба РВСР, 1924 год

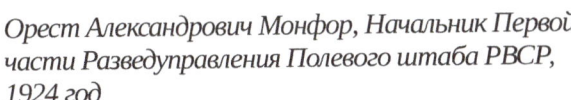

Последующие два года Орест работал помощником Начальника 3-го отдела Организационно-Мобилизационного Управления Штаба РККА и помощником Начальника Общего отдела Инспектората Северо-Кавказского Военного Округа.

В этот период своей военной карьеры как опытный военспец Орест участвует в разработке учебных пособий и ведомственных положений по устройству вооруженных сил СССР.

В июле 1926 года во время месячного отпуска Орест с семьей създил в Рыбинск, где жила в то время семья его жены Людмилы Ашехмановой.

Семья Ореста Монфора и семья Ашехмановых, Рыбинск, июль 1926 года

Орест стоит третий справа, его жена Людмила стоит третья слева, в середине сидит мать Людмилы Елена Семеновна Ашехманова, сидящий впереди слева мальчик – сын Ореста и Людмилы Саша Монфор.

С 1 сентября 1926 года в возрасте 40 лет Орест назначается военруком во 2-й Московский Государственный Университет.

Приказ о назначении Ореста Александровича Монфора военруком 2-го Государственного Университета, 25 августа 1926 года

Любопытно, что 2-й Московский Государственный Университет был создан в 1918 году на базе Московских Высших Женских Курсов, на которых до революции училась его сестра Мария.

В этот период на периодических совещаниях московских военруков Орест встречается со старыми генштабистами и военруками московских вузов - генерал-майором В.Л.Барановским, старшим военруком вузов Москвы, Ю.И.Григорьевым, военруком Промышленно-экономического института, полковником Генштаба И.Ф.Ораевским, военруком Московского авиационного института, генерал-лейтенантом А.Е.Снесаревым, военруком Института востоковедения, генерал-мойором В.И.Моторным, военруком Института народного хозяйства имени Плеханова, полковником А.Л.Буевским, военруком Тимирязевской сельхозакадемии, генерал-майром Н.С. Беляевым, военным преподавателем Института народного хозяйства имени Плеханова, полковником И.А.Никулиным, военным преподавателем Военной академии РККА, полковником Г.Ф. Гирсом, военным преподавателем Московского педагогического института, М.М.Брогинским, военруком Института им. Кагановича, Ю.И.Григорьевым, военруком Промышленно-экономического института.

Вполне естественно, что в своей среде бывшие офицеры царской армии жили воспоминаниями о прошлом, сохраняя свои старые офицерское традиции и старые политические взгляды. В своем кругу как в старые добрые времена они называли друг друга "Ваше превосходительство" и "Господин полковник". Помня, что они приносили присягу царю и отечеству, отречься от нее было для них равносильно предательству самого себя. Вера их ломалась.

"Есть такая профессия – защищать родину"
Офицерская поговорка

Характерно, что военруки преподавали военные дисциплины по старым программам, так как новых еще не было. Осложняло их положение и давление со стороны молодых "советских" генштабистов, которых старые генштабисты считали неучами, заставить их освободить им место. Если раньше военруки – бывшие военспецы активно интересовались политикой и хорошо в ней разбирались, то теперь их не интересовали вопросы внутренней и внешней политики, они даже не занимались политграмотой. Свою зарплату московские военруки получали в Московском Комендантском Правлении и там казначей А.Н.Суворов устроил своего рода клуб, где военруки и старые генштабисты собирались якобы для игры в карты и обменивались новостями.

Пользуюсь своим положением и располагая необходимыми средствами, Орест со своей расширенной семьей переезжает с проезда Девичьего поля в центр Москвы на Арбат, в просторную квартиру № 4 на Калошином переулке в доме 8.

Этот дом ранее, с начала 1880-х годов до 1923 году принадлежал известной русской актрисе Малого театра Н.А.Никулиной, для которой А.Н.Островский специально написал несколько ролей. Актриса получала персональный оклад 4000 руб. в год. Помимо основной работы военруком Орест успевал участвовать и в общественной жизни по месту жительства. Проживая в Москве на Калошином переулке, Орест был председателем правления местного жилищного товарищества, затем председателем ревизионной комиссии товарищества.

Калошин переулок, дом 8, ближний справа

Этот период жизни был, пожалуй, самым счастливым для Ореста. Полковник Генштаба РККА, руководитель военной каферды московского университета, получающий приличную зарплату, автор ряда книг по военному делу, уважаемый соседями столичный житель, хороший семьянин с женой и сыном, бескорыстно помогающий своим родственникам, которые раньше помогали ему, он жил на широкую ногу, устраивая время от времени вечеринки с приглашением своих друзей.

Фотография одной из вечеринок на Калошином переулке.

Вечеринка на квартире Ореста Монфора 30 сентября 1930 года

За столом с самоваром, полным закусок и угощений, сидят: крайний слева – Орест Монфор с рюмкой вина в руке; справа от него стоит его 11-летний сын Саша, ученик школы №10 Фрунзенского района г. Москвы, с куском пирога в руке; в центре стола сидит жена Ореста Людмила Николаевна, фельдшер завода "Пролетарский труд"; стоящие за ней две девочки – Галина Чехонина, дочь сестры Людмилы Валерии Николаевны Чехониной, которую первый муж бросил без средств к существованию, и ее подруга; стоит сзади стола – второй муж Валерии Николаевны Степанов Алексей Николаевич, председатель райисполкома Карело-Финской Автономной ССР; сидит перед ним – военрук МАИ Ораевский Иван Федорович; сидит справа за столом – друг по прежней службе Брянцев Павел Александрович.

Вдруг, как гром среди ясного неба, 23 февраля 1931 года Орест Александрович Монфор арестовывается ОГПУ по обвинению в контрреволюционной деятельности.

Судьба совершает новый страшный зигзаг в жизни Ореста Монфор.

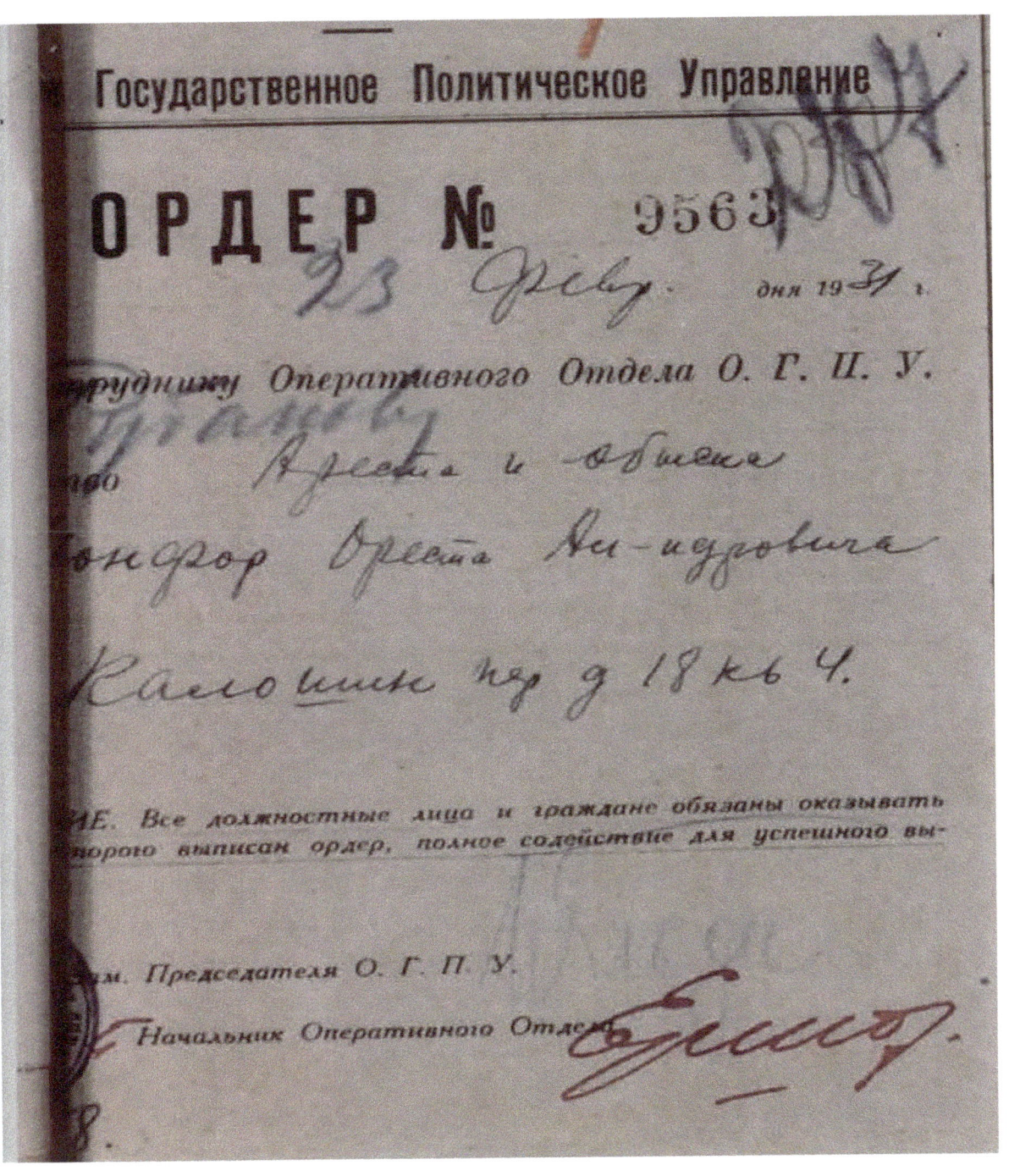

Ордер на арест и обыск Монфора Ореста Александровича от 23 февраля 1931 года, подписан Г. Ягодой. Номер дома перепутан.

При обыске у него были изъяты кожаный портфель со служебными бумагами, две папки с перепиской и статьями, наган с полным зарядом и дополнительной обоймой и мелкокалиберная винтовка ТОЗ в чехле.

ПРОТОКОЛ

основании ордера Об'единенного Государственного Политического Управления

№ _563_ от "_23_" _февраля_ мес. 193_1_ г. произведен ~~обыск~~ / арест

Симферополь ь доме № _8_ кв. № _4_

гр-ну Касимовичу

обыске присутствовали: _представитель Украинского род_

бов НКВ (адм 7) Камсламаев Н.В

и ЖК жена отв. симферополь с и

асно данным указаниям задержаны гражд

Попова О. С

ь для доставления в Об'единенное Государственное Политическое Управление

е (подробная опись всего конфискуемого или реквизуемого) _____

к делу во Политбюро со специаль

ным удостовер (2) две монеты с фаброе

воткой а сберкассу, Налог

5015 с членом зарядом к нему

отношение к одне скейп кассидери

тешка свонтен Тоз. ден 18 и 9 од

елении а сканс

_____

Обыск производил комиссар Оперода _____

При обыске заявлена жалоба от _____

1) на неправильности, допущенные при обыске и заключающиеся,

жалобщика, в _____

_____

2) на исчезновение предметов, не занесенных в протокол, а именно:

_____

Примечание:

Распечатана _____ гр-на
Зажечатана

_____ печатью №

Все заявления и претензии должны быть занесены в протокол. После протокола никакое заявление и претензии не принимаются.

За всеми справками обращаться в комендатуру ОГПУ (пл. Дзержино указывая № ордера, день его выдачи и когда был произведен обыск.

Все указанное в протоколе и прочтение его вместе с примечаниями торых обыск производился, удостоверяем.

Представитель домоуправления

Производивший обыск комиссар Оперода

Копию с протокола получил

«___»_____ 193 года

Протокол ареста и обыска Ореста Александровича Монфора 23 февраля 1931 года

На следующий день 24 февраля 1931 года Орест заполняет в ОГПУ анкету в качестве арестованного. В шоковом состоянии и до сих пор не веря в реальность случившегося, в примечании к анкете он пишет: "Так как абсолютно за собой никакой вины перед Советской властью и РККА не значится, связей подозрительных не имел, то прошу поскорее отпустить меня и разобраться со мной".

На последовавших допросах в ОГПУ Оресту было предъявлено обвинение в участии в московской офицерской контрреволюционной организации.

"С такими друзьями и врагов не надо"
Народная поговорка

Как оказалось, Ореста "продал" его приятель, военрук Московского авиационного института Иван Федорович Ораевский, арестованный и допрошенный ранее по делу "Весна". Тот самый, что сидит рядом с Орестом на предыдущей фотографии.

По делу о контрреволюционной офицерской организации "Весна" в 1930 - 1931 годах было арестовано и репрессировано несколько тысяч бывших офицеров царской армии, большинство из них – незаслуженно и бездоказательно.

Двоюродный брат Ореста Евгений Орестович Монфор, работавший сначала в Харькове в штабе Украинского Военного Округа, затем Украинском Осоавиахиме, а с 1930 года работавший военруком в Московском Высшем Инженерно-Строительном Училище и арестованный по делу "Весна" на месяц раньше Ореста, также в ходе допросов в ОГПУ неоднократно упоминал своего двоюродного брата как участника некой московской группы, входящей в офицерскую контрреволюционную организацию.

На самом деле реальная контрреволюционная организация бывших офицеров царской армии была создана на Украине, в Харькове, а в Москве были лишь отдельные военруки и бывшие военспецы, которые хотя и поддерживали связь с харьковской организацией, но на уровне разговоров и без конкретных контрреволюционных планов или действий. Если Евгений Орестович был одним из руководителей харьковской организации, то его двоюродный брат Орест лишь участвовал в разговорах о такой организации.

"Лучше голову склонить, чем лоб расшибить"
Народная мудрость

В результате применения мер принуждения и чтобы избавить себя от применения пыток 6 марта 1931 года на допросе Орест признается в участии в некой офицерской контрреволюционной повстанческой организации с целью ослабления государственного строя.

Судьба снова совершает морально-психологический зигзаг в жизни Ореста Монфора.

31 марта 1931 года постановлением ОГПУ Орест привлекается в качестве обвиняемого к уголовной ответственности по статьям 58-11 и 58-14 Уголовного кодекса РСФСР.

Постановление ОГПУ от 31 марта 1931 года о привлечении Монфора Ореста Александровича в качестве обвиняемого к уголовной ответственности по статьям 58-11 и 58-14

"За что боролся, на то и напоролся"
Народная мудрость

В постановлении указано, что Монфор Орест Александрович, состоя на государственной службе и занимая ответственную должность, одновременно состоял членом офицерской контрреволюционной организации и выполнял свои официальные обязанности в интересах контрреволюционной организации со специальной целью ослабления власти правительства.

Статья 58-11 Уголовного кодекса РСФСР устанавливает уголовную ответственность за всякого рода организационную деятельность, направленную на подготовку или совершение контрреволюционных преступлений, приравнивается к совершению таковых и преследуется уголовным кодексом по соответствующим статьям.

Статья 58-14 - контрреволюционный саботаж, то есть сознательное неисполнение кем-либо определённых обязанностей или умышленно небрежное их исполнение со специальной целью ослабления власти правительства и деятельности государственного аппарата, влечёт за собой лишение свободы на срок не ниже одного года, с конфискацией всего или части имущества, с повышением, при особо отягчающих обстоятельствах, вплоть до расстрела с конфискацией.

На основании этого постановления 20 мая 1931 года Судебная Коллегия ОГПУ постановила заключить Монфора Ореста Александровича в концлагерь сроком на три года, считая срок с даты ареста 24 февраля 1931 года.

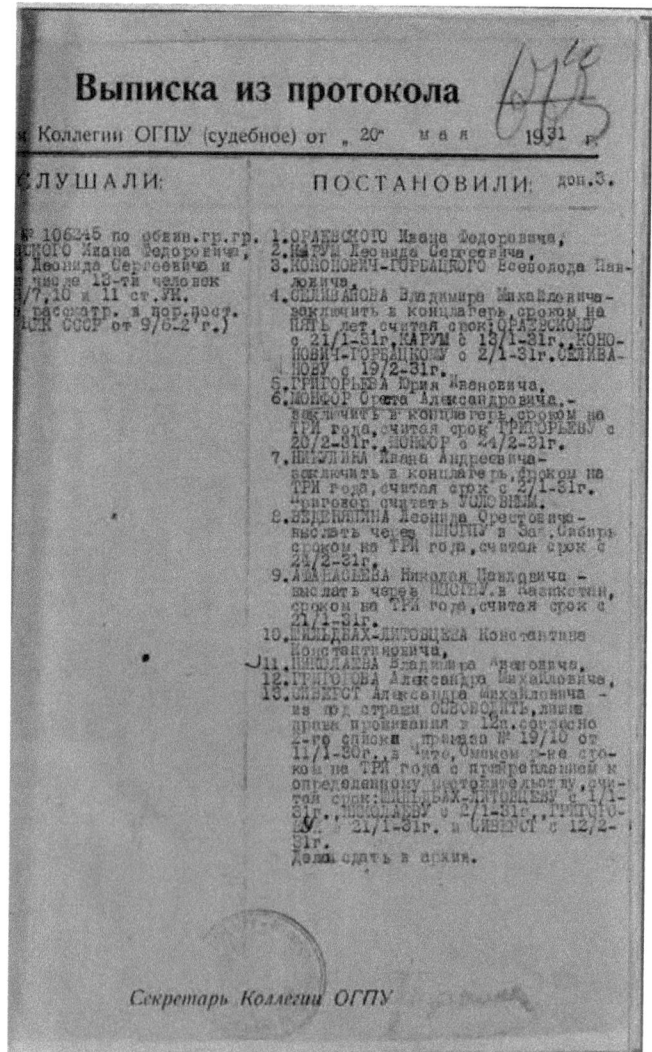

Выписка из протокола заседания Коллегии ОГПУ от 20 мая 1931 года о заключении Монфора Ореста Александровича в концлагерь на три года

Другим московским военрукам, с которыми встречался Орест Александрович повезло меньше: В.И.Моторный получил высшую меру наказния - расстрел, В.Л.Барановский, А.Е.Снесарев и А.Л.Буевский получили высшую меры наказания с заменой на 10 лет ИТЛ, Г.Ф.Гирс получил 10 лет ИТЛ, И.Ф. Ораевский и Н.С.Беляев получили по 5 лет ИТЛ, Ю.И Григорьев получил те же 3 года ИТЛ.

Оказавшись в заключении и поняв, что его здоровье, подорванное ранениями на фронте, долго не выдержит жестоких условий исправительно-трудового лагеря, Орест делает очередной спасительный карьерный зигзаг в своей противоречивой судьбе и становится негласным сотрудником ОГПУ и вольнонаемным сотрудником ГУЛАГа.

"Хочешь жить – умей вертеться!"
Студенческая мудрость

Полученное экономическое образование и опыт работы органах разведки позволили ему получить должность экономиста на одной из строек социализма, в которых применялся труд заключенных исправительно-трудовых лагерей ГУЛАГа.

Полковник Генштаба РККА превращается в уполномоченного ГУЛАГа.

Первые два года, с июля 1931 горда Орест работает в Управлении строительства ИТЛ в Новосибирске, затем с созданием Дмитровского ИТЛ переводится в г. Дмитров в качестве с старшего экономиста на строительстве канала Москва - Волга. Работящего и толкового старшего экономиста замечают и вскоре назначают помощником начальника Финансово-планового отдела Истринского района Дмитлага. Приказом заместителя начальника ГУЛАГа и начальника Дмитлага С.Г.Фирина от 28 декабря 1935 года он переводится на должность помощника начальника Финансово-планового отдела Икшанского района Дмитлага.

Орест Александрович Монфор в форме помощника уполномоченного 10-й категории инженерно-технического состава НКВД, 3 декабря 1934 года

20 мая 1934 года по окончании срока заключения Орест освобождается, но с сохранением судимости.

Не имея лучшей работы, он решает остаться работать на строительстве канала в качестве вольнонаемного сотрудника, оставаясь, однако, негласным сотрудником НКВД.

На строительстве канала Москва - Волга работал и его бывший сослуживец и приятель Иван Федорович Ораевский, тот самый, который "настучал " на Ореста в 1931 году.

К концу строительства канала Волга-Москва в 1937 году Орест дослужился до должности начальника планово-экономического отдела Строительства канала Москва - Волга в звании уполномоченного ГУЛАГа.

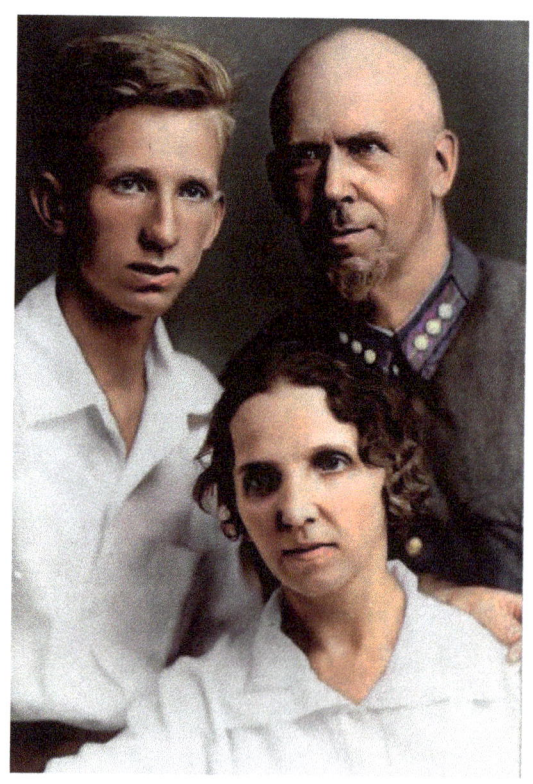

Орест Александрович Монфор в форме уполномоченного 8-й категории инженерно-технического состава НКВД с женой Людмилой Николаевной и сыном Сашей, 1937 год

17 апреля 1937 года состоялось заполнение водой всей трассы канала Москва - Волга. Канал был построен. В апреле 1938 года по ходатайству НКВД с бывших заключённых, добровольно

оставшихся на работе по постройке канала Москва - Волга по вольному найму, судимость была снята. Снята она была и с Ореста.

"Жизнь прожить – не поле перейти"
Народная мудрость

Имея опыт работы и неплохую зарплату, он решает остаться в системе канала Москва - Волга, но уже не по строительству, а по эксплуатации канала, тем более, что работа по предложенной ему должности старшего инженера – экономиста была уже не Дмитрове, а в Москве. Он возвращается на Калошин переулок, в дом 8, в квартиру 4.

Вскоре его назначают начальником Планово-сметного отдела Управления Эксплуатации Канала Москва - Волга.

В 1939 году сына Ореста Александра забирают в армию.

С сентября 1939 года в возрасте 53 лет Орест переводится на должность старшего инженера Отдела Оборудования в Центральном Управлении Строительства Наркомата Речной Промышленности, в которой работает до октября 1941 года.

С началом войны, осенью 1941 года канал имени Москвы стал линией фронта и эксплуатация канала прекратилась.

Орест поступает на работу заведующим Оперативным отделом сбыта Московского пивзавода.

Неожиданно, 25 октября 1941 года Орест арестовывается Управлением НКВД по Московской области и привлекается в качестве свидетеля по делу об Иване Федоровиче Ораевском, подозреваемом в антисоветской агитации и распространении провокационных слухов.

"Дружба - дружбой, а табачок - врозь"
Поговорка

Орест, несмотря на дружбу с Ораевским, решает отомстить ему за то, что тот "настучал" на него по делу "Весна", и на допросе подтверждает, что Ораевский систематически возводил клевету на политику партии, распространял провокационные слухи, высказывал неверие в победу СССР в войне и проводил антисоветскую агитацию среди своих знакомых. В частности, Орест утверждает, что Ораевский говорил, что сообщения в газетах о зверствах немцев преувеличены, что немцы относятся к населению корректно и культурно, что с немцами будет жить не хуже, что победа в скором времени будет за немцем, что у русских не хватает вооружения, что русские солдаты не хотят воевать.

"Долг платежом красен"
Поговорка

27 октября 1941 года по навету Ореста Ораевский арестовывается. В ходе обыска у него изымается записная книжка, в которой обнаружена фамилия Монфора О.А. и его телефон. Иван Ораевский отрицает все выдвинутые против него обвинения и не признает, что был знаком с

Орестом Монфором. Орест был единственным свидетелем, обвинявшим Ораевского в антисоветской деятельности.

Тем не менее, решением Особого Совещания при НКВД СССР от 4 ноября 1941 года за антисоветскую пропаганду Иван Федорович Ораевский был сослан в Сибирь, в Красноярский край сроком на 5 лет.

В январе 1942 года семью Монфоров постигло большое несчастье – погиб на фронте их сын Саша.

Александр Орестович Монфор в буденновке и форме рядового, 25 декабря 1939 года

Проработав 6 лет на Московском пивзаводе, и накопив опыт делопроизводства по продаже пива, Орест в возрасте 60 лет делает карьеру торговле пивом и в октябре 1947 года переводится на работу в главк на должность инспектора Отдела Сбыта Главпиво Министерства Пищевой Промышленности СССР. Руководством Главпиво он характеризуется как грамотный работоспособный инициативный сотрудник и общественник.

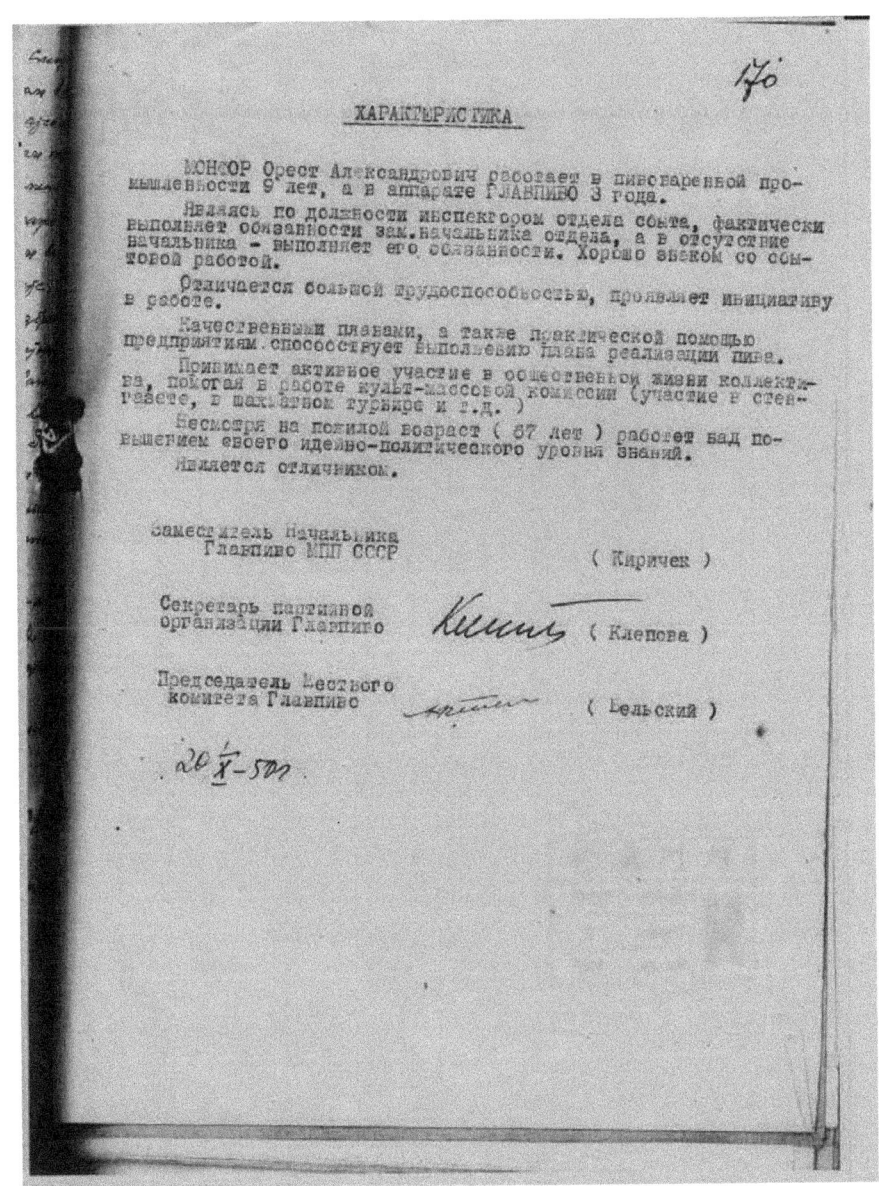

ХАРАКТЕРИСТИКА

МОНФОР Орест Александрович работает в пивоваренной промышленности 9 лет, а в аппарате ГЛАВПИВО 3 года.

Являясь по должности инспектором отдела сбыта, фактически выполняет обязанности зам.начальника отдела, а в отсутствие начальника - выполняет его обязанности. Хорошо знаком со сбытовой работой.

Отличается большой трудоспособностью, проявляет инициативу в работе.

Качественными планами, а также практической помощью предприятиям способствует выполнению плана реализации пива.

Принимает активное участие в общественной жизни коллектива, помогая в работе культ-массовой комиссии (участие в стенгазете, в шахматном турнире и т.д.)

Несмотря на пожилой возраст (67 лет) работает над повышением своего идейно-политического уровня знаний.

Является отличником.

Заместитель Начальника
Главпиво МПП СССР   (Киричек)

Секретарь партийной
организации Главпиво   *Клеп*   (Клепова)

Председатель Местного
комитета Главпиво   *подпись*   (Бельский)

20/X-50г.

Характеристика инспектора отдела сбыта Главпиво Ореста Монфора, от 20 октября 1950 года

Выглядит он для своих 64 лет весьма неплохо.

Орест Монфор, октябрь 1950 года

Теперь он в состоянии содержать не только свою семью, но и родственников, которые помогали ему в его прошлой жизни, и даже их детей. На 1948 год у него в квартире 4 по Калошину переулку дом 8 живут 7 человек - он сам, его жена Людмила, мать Людмилы Елена Семеновна Ашехманова, его старшая сестра одинокая Мария, сестра жены Валерия Николаевна Степанова, её дочь Галина со своей дочерью. Его матери Александры Амвросиевны и тети Евгении Амвросиевны уже не было в живых.

Вполне естественно, что содержать такую большую семью трудно, и Орест нанимает домработницу, что было широко распространено в те годы среди зажиточных москвичей. Звали домработницу довольно привлекательной наружности Серафима Никулина.

Серафима Никулина в возрасте

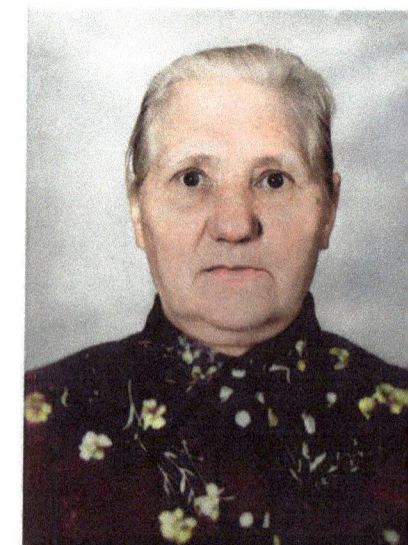

Орест делает очередной нравственный зигзаг в своей личной жизни, на этот раз, вступая в интимные отношения с домработницей. В возрасте 61 года, изменяя жене, которой в то время было 53 года, в свой собственной квартире он вступает в интимную связь с Серафимой Никулиной, причем делает это открыто. Как глава семьи он позволяет себе делать все что хочет, оставляя в стороне житейскую мораль и представления о порядочности.

Тем временем Главпиво закрывается и его функции передаются в Главное Управление Торговли винами, водкой и ликерно-водочными изделиями Министерства Внутренней и Внешней Торговли СССР (Главторгвино). В связи с передачей функций сбыта пивоваренной продукции в Главторгвино Орест переводится в Главторгвино и с 1 августа 1953 года назначается на должность старшего товароведа Отдела реализации пива и безалкогольных напитков с окладом 950 руб. в месяц.

Напряженная работа и интенсивная семейная жизнь сказываются на здоровье Ореста, он начал серьезно стареть.

Орест Монфор в возрасте 67 лет в 1953 году

Тем не менее, он делает последний зигзаг в своей личной жизни и поселяет в своей квартире своего сына от домработницы Серафимы Никулиной Володю, родившегося 6 сентября 1948 года. И это при наличии у Серафимы своего мужа Ивана. Парадоксально, что сам Иван Никулин знал о связи своей жены с Орестом, но не был против этого. Как это все уживалось в семье Ореста, одному богу известно.

Владимир Никулин школьник

Несмотря на плохое состояние здоровья, страдая гипертонией, Орест продолжает усердную трудовую деятельность на работе и через три месяца после перевода в Главторгвино назначается инженером Отдела реализации прочей подукции с окладом 1100 руб. в месяц. Это была вполне приличная зарплата, учитывая, что средняя зарплата в то время составляла около 700 руб. в месяц.

"Куда дерево клонилось, туда и свалилось "
Народная мудрость

Напряженная работа в этом возрасте оказалась губительной для Ореста. Он умирает 18 октября 1955 года в возрасте 69 лет. Причина смерти - множественные размягчения мозга и гипертонический криз.

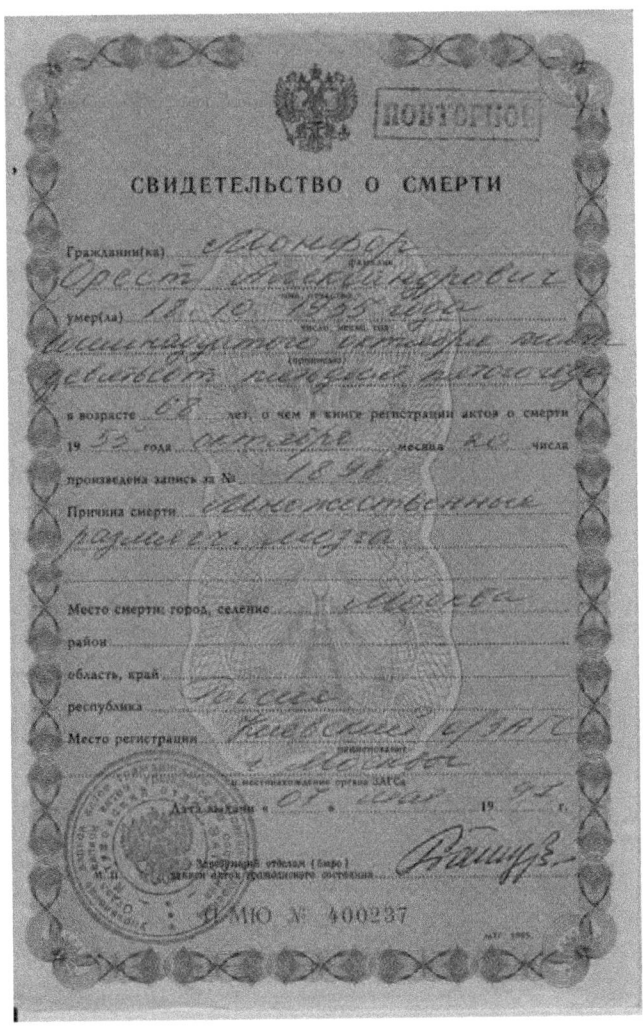

Свидетельство о смерти Ореста Монфора 18 октября 1955 года

Так закончилась жизнь Ореста Монфора, полная зигзагов и противоречий.

Похоронен он был на Ваганьковском кладбище в Москве, рядом с могилой тёщи Елены Семеновны Ашехмановой.

Его жена Людмила прожила ещё 20 лет и умерла 11 февраля 1974 года в возрасте 80 лет. Похоронена на Николо-Архангельском кладбище в Москве.

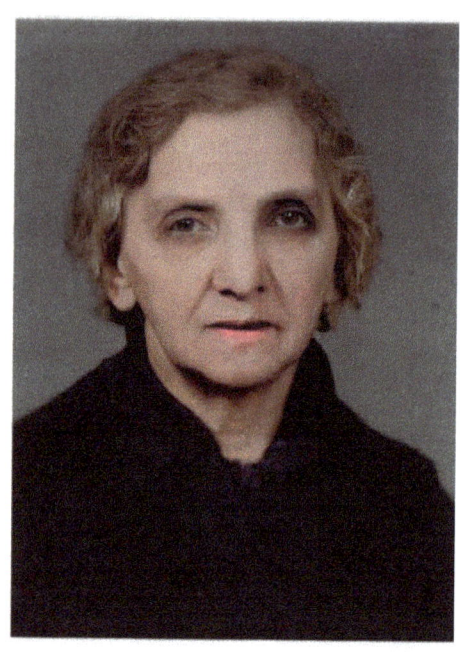

Людмила Николаевна Монфор, 1973 год

Старшая сестра Мария протянула с его смерти 10 лет и умерла 6 июля 1965 года в возрасте 81 года.

Дом номер 8 на Калошином переулке был снесен в начале 1960-х годов для освобождения места под строительство многоэтажного дома.

В 1963 году оставшиеся члены семьи Монфор переехали в новую квартиру на улицу Обручева в Юго-Западном районе Москвы.

Жизнь Ореста закончилась, но восстановление её обстоятельств продолжалось и после его смерти.

В 1950-х годах после смерти И.В.Сталина в СССР начался процесс реабилитации лиц, незаконно осужденных в ходе репрессий 1930-х годов.

Однако не всех. На этом этапе реабилитация производилась только по заявлениям самих жертв или их родственников.

Совместным приказом Генерального Прокурора СССР, Министра юстиции, Министра внутренних дел и Председателя КГБ при от 19 мая 1954 года были созданы специальные комиссии по пересмотру всех уголовных дел на лиц, осуждённых за контрреволюционные преступления и отбывающих меру наказания в лагерях, колониях и тюрьмах МВД.

Высшими судебными органами были признаны незаконными решения внесудебных органов ОГПУ и НКВД, вынесенные по политическим делам. В процессе пересмотра проводилась проверка каждого конкретного дела, запрашивались справки из других дел, проводился повторный допрос свидетелей, составлялось заключение, на основе которого прокурорские органы составляли протест по делу в судебный орган, который отменял приговор и выносил решение о реабилитации.

> "Всякая вина отомстится"
> *Народная мудрость*

С началом процессов реабилитации жена Ореста Людмила Николаевна подает заявление в московскую региональную комиссию о реабилитации своего мужа Ореста Александровича Монфора.

В 1958 году, всего через 3 года после смерти Ореста, её заявление было рассмотрено и определением Военной Коллегии Верховного Суда СССР от 20 марта 1958 года Постановление коллегии ОГПУ от 20 мая 1931 года в отношении Ореста Александровича Монфора было отменено за недоказанностью обвинения. В Постановлении указывается, что Орест Монфор фактически не признал себя виновным в предъявленном обвинении.

экз.

ВЕРХОВНЫЙ СУД СОЮЗА ССР

ОПРЕДЕЛЕНИЕ № 4н-013120/57

ВОЕННАЯ КОЛЛЕГИЯ ВЕРХОВНОГО СУДА СССР

В составе: Председательствующего - генерал-майора юстиции
ЛИХАЧЕВА

и членов: подполковника юстиции ЗНУКОВА и
подполковника юстиции ДМИТРИЕВА

рассмотрела в заседании от 20 марта 1958 года

ПРОТЕСТ ГЛАВНОГО ВОЕННОГО ПРОКУРОРА

на постановление коллегии ОГПУ от 20 мая 1931 года, которым

1. ОРАВСКИЙ Иван Федорович, 1885 года рождения, уроженец
Костромской области, арестованный 21 января 1931 года,
до ареста - военный руководитель Московского авиационного
института;

2. КАРЛМ Леонид Сергеевич, 1888 года рождения уроженец Латвийской ССР, г.Елгаве, арестованный 13 января 1931 года, до
ареста-военный преподаватель Московского высшего химико-
технологического училища;

3. КОНОПЛИЧ-РОЗБАЦКИЙ Всеволод Павлович, 1881 года рождения,
уроженец б.Витебской губернии, г.Режица, арестованный 2 января
1931 года, до ареста-помощник военного руководителя Московского
энергетического института;

4. СЕЛИВАНОВ Владимир Михайлович, 1884 года рождения, уроженец
б.Рязанской губернии, г.Зарайска, арестованный 19 февраля
1931 года, до ареста - военный преподаватель МГУ;

5. - подвергнуты заключению в концлагерь на 5 лет.

5. ГРИГОРЬЕВ Юрий Иванович, 1889 года рождения, уроженец г.Тамбова,
арестованный 20 февраля 1931 года, до ареста - военный руководитель Московского института физкультуры;

6. МОНТОР Орест Александрович, 1887 года рождения, б.Бакинской
губернии, м.Сальяны, арестованный 24 февраля 1931 года, до арест
военный руководитель 2-го МГУ, -

- подвергнуты заключению в концлагерь на 3 года.

7. НИКУЛИН Иван Андреевич, 1868 года рождения, уроженец б.Донской
области, станицы Клетская, арестованный 2 января 1931 года,
до ареста - военный преподаватель 2-го МГУ, -

- подвергнут условному заключению в концлагерь на 3 года.

8. ВЕДЕНЯПИН Леонид Орестович, 1882 года рождения, уроженец
б.Гродненской губернии, г.Слоним, арестованный 24 февраля
1931 года, до ареста - преподаватель Московской пехотной школы,

9. АФАНАСЬЕВ Николай Павлович, 1873 года рождения, уроженец
г.Ростова, Ярославской области, арестованный 21 января 1931 года
до ареста - военный преподаватель Московского педагогического
института, -

- подвергнуты ссылке на 3 года;

10. ГРИГОРОВ Александр Михайлович, 1868 года рождения, уроженец
г.Каширы, арестованный 21 января 1931 года, до ареста -
помощник военного руководителя I МГУ;

11. СИВЕРС (по постановлению - СИВЕРСТ) Александр Михайлович,
1868 года рождения, уроженец г.Ленинграда, арестованный
12 февраля 1931 года, до ареста - военный преподаватель
Московского горного института, -

- лишены прав проживания в 12 пунктах СССР на 3 года с прикреп-
лением к определенному месту жительства.

    Этим же постановлением коллегии ОГПУ лишен права проживания
в 12 пунктах СССР на 3 года ШИЛЬДБАХ-ЛИТОВЦЕВ Константин Констан-
тинович, 1872 года рождения, уроженец г.Москвы, арестованный 1 января
1931 года, до ареста - военный преподаватель Московского горного
института, протест в отношении которого не приносится.

    Мера наказания, назначенная по постановлению коллегии ОГПУ
от 20 мая 1931 года КОНОПОВИЧ-ГОРБАЦКОМУ Всеволоду Павловичу постановлением той же коллегии от 27 апреля 1934 года заменено высылкой
в Казахстан на оставшийся срок.

Заслушав доклад тов.ДМИТРИЕВА

и заключение помощника Главного военного прокурора -
полковника Владимирова,

                    У С Т А Н О В И Л А :

    Согласно обвинительному заключению все указанные выше лица
обвинялись в том, что они, будучи непримиримыми врагами Советской
власти, пытались использовать свое пребывание на работе в ВУЗ-ах
для организационного сплочения контрреволюционного офицерства на
платформе борьбы с Советской властью, вели контрреволюционную пропаганду и относились с преступной небрежностью, переходившей во вреди-
тельство, к военной подготовке студенчества.

    В протесте ставится вопрос об отмене постановления коллегии
ОГПУ и о прекращении дела за недоказанностью обвинения в отношении
всех репрессированных, кроме ШИЛЬДБАХ-ЛИТОВЦЕВА.

    При этом в протесте указывается, что МОНТОР, СТЕПАНОВ, ПИКУ...
ВЕДЕНЯПИН, АФАНАСЬЕВ, ГРИГОРОВ А.М. и СИВЕРС фактически виновными
себя в предъявленном им обвинении не признали, а ПРАВОСКИН, КАРИН,
ГРИГОРЬЕВ П.А. и КОНОПОВИЧ-ГОРБАЦКИЙ неоднократно меняли свои показания. Будучи передопрошенными в ходе проверки, ОРГ...КИН, КАРИН и
ГРИГОРЬЕВ П.Н. заявили, что они оговорили себя и других лиц ввиду
применения к ним мер принуждения.

В ходе проверки были проверены архивно-следственные дела Барановского, Ольдерогге, Смысловского, Вальянинова, Ржечицкого, Валичко, Снесарева, Минина, Моторного, ранчаших проходящих по настоящему делу лиц в принадлежности к антисоветской офицерской организации. Однако показания названных лиц вызывает сомнение в своей достоверности ввиду имеющихся в них существенных противоречий, а также и потому, что наряду с ОРАЕВСКИМ, ГРИГОРЬЕВЫМ Ю.И., КОНОНОВ ГОРБАЦКИМ, КАРУМ и НИКОЛИНЫМ арестованные но названным выше делам называли участниками офицерской контрреволюционной организации Бонч-Бруевича, Лигнау, Протодьяконова и Николаева В.Н., дела в отношении которых в последующем были прекращены. Проверкой установлено также, что все осужденные по данному делу лица за время службы в Красной Армии характеризовались положительно.

По изложенным мотивам прокурор считает, что все лица, в отношении которых вносится протест, были осуждены необоснованно.

Проверив материалы дела и согласившись с протестом, Военная коллегия —

ОПРЕДЕЛИЛА:

Постановление коллегии ОГПУ от 20 мая 1931 года в отношении:

1. ОРАЕВСКОГО Ивана Федоровича,
2. КАРУМ Леонида Сергеевича,
3. КОНОНОВИЧ-ГОРБАЦКОГО Всеволода Павловича,
4. СМЫСЛОВА Владимира Михайловича,
5. ГРИГОРЬЕВА Юрия Ивановича,
6. МОТОР Ореста Александровича,
7. НИКОЛИНА Ивана Андреевича,
8. ВЕНЯТИНА Леонида Орестовича,
9. АФАНАСЬЕВА Николая Павловича,
10. ГРИГОРОВА Александра Михайловича,
11. СИВЕРС (по постановлению СИВЕРСТ) Александра Михайловича,

а также постановление коллегии ОГПУ от 27 апреля 1934 года в отношении КОНОНОВИЧ-ГОРБАЦКОГО Всеволода Павловича отменить и дело прекратить за недоказанностью обвинения.

Подлинное за надлежащими подписями.

С подлинным верно: Офицер Военной коллегии
КАПИТАН
(МАКСИМЕЛАДЗЕ)

исп.вх.№ 022320

нная КОЛЛЕГИЯ
ерховного Суда
Союза ССР

6. __апреля__ 195 8 г.

№ 4н-013120/57

Москва, ул. Воровского, д. 13

07112

НАЧАЛЬНИКУ УЧЕТНО-АРХИВНОГО ОТДЕЛА
КГБ ПРИ СОВЕТЕ МИНИСТРОВ СССР

НАЧАЛЬНИКУ УВД НОВОСИБИРСКОГО ОБЛИСПОЛКОМА

Копии: В ГЛАВНОЕ УПРАВЛЕНИЕ КАДРОВ
МИНИСТЕРСТВА ОБОРОНЫ СССР

В ГЛАВНУЮ ВОЕННУЮ ПРОКУРАТУРУ

на № 7к-14920-55

В КГБ ПРИ СОВЕТЕ МИНИСТРОВ УССР

на № 29/I/I09I от 18 марта 1958г.

В I-Й СПЕЦОТДЕЛ МВД СССР

(для сведения)

Направляю для архивного хранения дело вместе с определением Военной коллегии Верховного Суда СССР от 20 марта 1958 года в отношении:

Знаю в лицо

1. ОРАЕВСКОГО Ивана Федоровича, служившего в Советской Армии с 1917 года,

2. КАРУМА Леонида Сергеевича, служившего в Советской Армии с 1920 года,

3. КОНОНОВИЧА-ГОРБАЦКОГО Всеволода Павловича, служившего в Советской Армии с 1918 года,

4. СЕЛИВАНОВА Владимира Михайловича, служившего в Советской Армии с 1919 года,

5. ГРИГОРЬЕВА Юрия Ивановича, служившего в Советской Армии с 1918 года,

6. МОНФОРА Ореста Александровича, служившего в Советской Армии с 1918 года,:

7. НИКУЛИНА Ивана Андреевича, служившего в Советской Армии с 1918 года,

8. ВЕДЕНЯПИНА Леонида Орестовича, служившего в Советской Армии с 1918 года,

9. АФАНАСЬЕВА Николая Павловича, служившего в Советской Армии с 1918 года,

I0. ГРИГОРОВА Александра Михайловича, служившего в
Советской Армии с 1919 года,

II. СИВЕРСА (СИВЕРСТА) Александра Михайловича,
служившего в Советской Армии с 1918 года.

Для сведения сообщаю, что ГРИГОРЬЕВУ Юрию Ивановичу, проживающему по адресу: Москва, Б.Каковинский пер., д.5/12, кв.25,
объявлено определение и вручена справка о прекращении дела на
приеме Военной коллегии 26 марта 1958 года.

Местонахождение СИВЕРСА (СИВЕРСТА) А.М. или его родственников, а также родственников КОНОНОВИЧА-ГОРБАЦКОГО В.П. (умершего
в г.Туле - год смерти не установлен - л.д.234, том 3325) установить не удалось. В случае их обращения к Вам прошу объявить им
результат рассмотрения дела.

Одновременно сообщаю, что сего числа высланы почтой справки
о прекращении дела следующим гражданам:

I. СЕЛИВАНОВОЙ Елизавете Владимировне (дочери СЕЛИВАНОВА В.М.
проживающей по адресу: Москва, Г-48, Б.Пироговская, 85/а, кв.8.
(СЕЛИВАНОВ В.М. умер 17 января 1942 г. - справка I с/о - л.д.97,
т.3325);

2. МОНФОР Людмиле Николаевне (жене МОНФОРА О.А.), проживающей
по адресу: Москва, Арбат, Калешный пер., д.8, кв.4 (МОНФОР О.А.
умер в 1955 г. в Москве - л.д.234, т.3325);

3. КУТЕЙЩИКОВОЙ Яне Георгиевне (племяннице НИКУЛИНА И.А.),
проживающей по адресу: Москва, К-1, Вспольный пер., д.18, кв.1,
тел.Д-3-28-59. (НИКУЛИН И.А. умер в 1936 г. в г.Москве - л.д.234,
т.3325 - и, по словам КУТЕЙЩИКОВОЙ Я.Г., более близких родственников у него не осталось).

4. ВЕДЕНЯПИНОЙ Елене Саввишне (жене ВЕДЕНЯПИНА Л.О.), проживающей по адресу: Москва, Горького, д.28, кв.19, тел.Д-1-26-89.
(ВЕДЕНЯПИН Л.О. расстрелян 16 ноября 1937г. по пост.тройки УНКВД
по Московской области - л.д.107, т.3325).

5. АФАНАСЬЕВУ Кириллу Николаевичу (сыну АФАНАСЬЕВА Н.П.),
проживающему по адресу: Москва, ул.Пятницкая, д.59, кв.71, тел.
В-3-38-05. (АФАНАСЬЕВ Н.П. умер в 1954 г. в Москве - л.д.234, т.3325

6. ГРИГОРОВОЙ Евгении Александровне (дочери ГРИГОРОВА А.М.),
проживающей по адресу: Московская обл., гор.Кашира, ул.Коммуны,
дом № 5).
(Местонахождение самого реабилитированного установить не
удалось - л.д.234, т.3325).

Начальника УВД Новосибирского облисполкома прошу вручить
прилагаемые справки и объявить определение -

ОРАЕВСКОМУ Ивану Федоровичу, проживающему по адресу: Новоси-
бирская область, Венгеровский р-н, совхоз 161, и

КАРУМУ Леониду Сергеевичу, проживающему по адресу: г.Ново-
сибирск, ул.1905 года, дом 76, кв.12 (л.д.57, т.3325),

а расписки выслать в Учетно-архивный отдел КГБ при Совете Министров СССР для приобщения к архивно-следственному делу № 554672; дату ознакомления сообщить в Военную коллегию и Главную военную прокуратуру.

Если же ОРАЕВСКИЙ И.Ф. и КАРУМ Л.С. убыли из указанного местожительства, то прошу данное определение переслать в соответствующие органы по месту их нового жительства, о чем сообщить в Военную коллегию.

ПРИЛОЖЕНИЕ: для УЛО КГБ при СМ СССР – дело арх.№ 554672 от н/вх. № 022320 в 17 томах с подлинным определением и копия определения на 3 листах;

для нач.УВД Новосибирского облисполкома – 2 копии определения на 6 листах и 2 справки (несекретно) на Ораевского и Карума;

для ГУК МО СССР – копия определения на 3 листах;
для ГВП – копия определения на 3 листах с м/б.№ 6426;

для КГБ при СМ УССР – копия определения на 3 листах;
для 1 с/о – копия определения на 3 листах.

ЗАМ.ПРЕДСЕДАТЕЛЯ ВОЕННОЙ КОЛЛЕГИИ
ВЕРХОВНОГО СУДА СОЮЗА ССР
ГЕНЕРАЛ-МАЙОР ЮСТИЦИИ

(П.ЛИХАЧЕВ)

Определение Военной Коллегии Верховного Суда СССР от 20 марта 1958 года

5 апреля 1958 года Людмиле Николаевне была выслана справка о прекращении дела Монфора Ореста Александровича.

"Всяк свой крест неси"
Народная поговорка

Менее повезло с реабилитацией двоюродному брату Ореста Евгению Орестовичу Монфору, осужденному в том же 1931 году по тому же делу "Весна". Дата его смерти неизвестна, однако на момент начала процессов реабилитации в 1958 году ему было бы 84 года и трудно предположить, что он мог дожить до этих пор, учитывая, что он был ранен в Первую мировую войну и не отличался крепким здоровьем. Поэтому сам не мог подать заявление о своей реабилитации в 1958 года.

Тем более, что он уже подавал в 1946 году заявление о снятии судимости в Управление МГБ по Самаркандской области и даже писал об этом самому И.В.Сталину, но получил отрицательный ответ. В снятии судимости Евгению Орестовичу было отказано в связи с его дворянским происхождением и подозрениями в его отдельных антисоветских проявлениях, упаднических настроениях и неверие в победу над Германией.

Его первой жене Любови Александровне Пини, 1882 года рождения, на 1958 год было бы 76 лет и трудно предположить, что она была жива в это время.

Его второй жене Вере Григорьевне Сокальской, 1892 года рождения, на 1958 год было бы 66 лет, однако её судьба неизвестна, известно лишь, что на 1948 год она жила в Узбекистане.

Детей от обоих браков у Евгения Орестовича не было.

По этим причинам реабилитация Евгения Орестовича Монфора не могла быть инициирована личным заявлением его самого или его родственников. Она была инициирована только на втором этапе реабилитации, когда в эпоху гласности М.С.Гобачевым, в то время Председателем Президиума Верховного Совета СССР 16 января 1989 года был принят Указ "О дополнительных мерах по восстановлению справедливости в отношении жертв репрессий, имевших место в период 30-40-х и начала 50-х годов". Этим указом отменялись внесудебные решения, вынесенные в этот период "тройками" НКВД, коллегиями ОГПУ и "особыми совещаниями" НКВД.

Поскольку Евгений Орестович был осужден 18 июля 1931 года Коллегией ОГПУ, он подпадал под действие этого указа и был формально реабилитирован заключением Военного прокурора Киевского Военного Округа от 30 июня 1989 года. Характерно, что он был реабилитирован не каким-то определением или решением в результате рассмотрения дела по существу, а просто заключением, что его дело подпадает под действие Указа от 16 января 1989 года.

УТВЕРЖДАЮ

Врио военного прокурора Киевского
военного округа полковник юстиции
Левченко Н.

«30» июня 1989 года

ЗАКЛЮЧЕНИЕ

в отношении Монфор Е.О.

по материалам уголовного дела (арх. № 51834)

Фамилия, имя, отчество Монфор
Евгений Орестович

Дата и год рождения 1875
Место рождения г. Баку

Сведения о партийности (в том числе № партийного билета) беспартийный

Место работы и должность до ареста доцент военного дела в московском
высшем инженерно-строительном училище

Место жительства до ареста Москва Черногрязское шоссе д. 8
(пос. Сходня)
Данные о родственниках в деле не имеется

Дата ареста, предъявлявшееся обвинение, когда и каким несудебным органом было вынесено решение по делу Арестован оперативным отделом
ОГПУ при СНК СССР 22 января 1931 года Обвинялся по
ст. ст. 58-4, 58-10 и 58-11 УК РСФСР в том, что являлся
участником антисоветской военно-офицерской повстанческой организации. Виновным себя признал.
Объективных доказательств, подтверждающих
предъявленное ему обвинение, не имеется.

По постановлению Коллегии ОГПУ от 18 июля 1931 года подвергнут заключению в конц. лагерь сроком на пять лет.

Монфор Евгений Орестович
(ф. и. о)   (подпись)

под действие ст. 1 Указа Президиума Верховного Совета СССР от 16 января 1989 г. «О дополнительных мерах по восстановлению справедливости в отношении жертв репрессий, имевших место в период 30 — 40-х и начала 50-х годов».

Старший помощник военного прокурора Киевского военного округа полковник юстиции
                                        И.В. Овчаренко

Зам. начальника следотдела КГБ УССР подполковник
                                        В.И. Пристайко

«29» июня 1989 г.

Исп. Каравашов
                                        зак. 1097—1989 г.

Заключение Военного прокурора Киевского военного округа от 30 июня 1989 года о реабилитации Евгения Орестовича Монфора

Тем временем, восстановление обстоятельств службы Ореста Монфора продолжалось.

"Весь мир - театр"
Народная мудрость

Как оказалось, на 1958 год Орест формально все еще числился в рядах Советской Армии, так как в связи с его осуждением в 1931 году приказа о его увольнении из армии не издавалось. Эта ошибка была исправлена приказом Министра Обороны СССР от 2 июня 1958 года, которым Орест Александрович Монфор уволен из рядом Советской Армии задним числом с 14 июля 1933 года. Это было сделано на основании вышеприведенного Определения Военной Коллегии Верховного Суда СССР от 20 марта 1958 года. Время пребывания в заключении было зачтено в календарную выслугу в Советской армии, которая составила 15 лет и 4 месяца. Приказ подписал Заместитель Министра Обороны СССР маршал И. Конев.

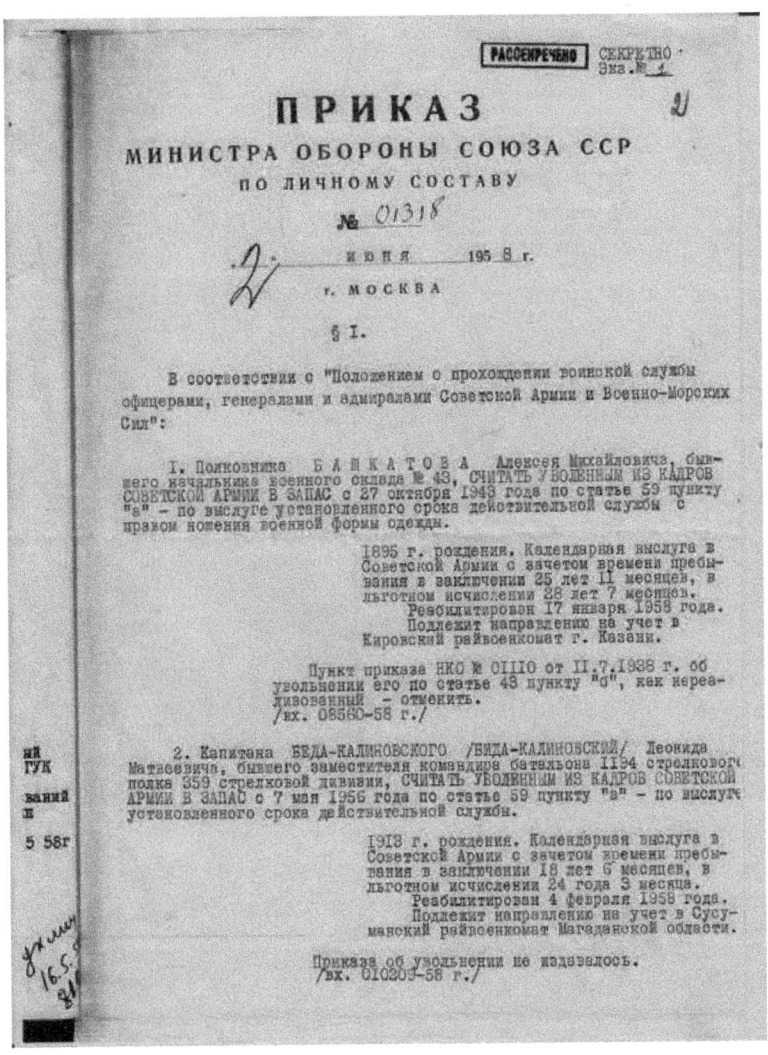

15. Военфельдшеру **М А К А Р О В С К О Й** Анне Христофоровне, бывшей старшей операционно-хирургической сестре 520 отдельного медицинского санитарного батальона 417 стрелковой дивизии, ПРИСВОИТЬ ВОИНСКОЕ ЗВАНИЕ "ЛЕЙТЕНАНТ МЕДИЦИНСКОЙ СЛУЖБЫ" и СЧИТАТЬ ЕЁ УВОЛЕННОЙ ИЗ КАДРОВ СОВЕТСКОЙ АРМИИ В ОТСТАВКУ с 23 августа 1952 года по статье 60 пункту "а" – по выслуге установленного срока обязательной военной службы.

1897 г.рождения. Календарная выслуга в Советской Армии с зачетом времени пребывания в заключении 11 лет 6 месяцев.
Реабилитирована 3 февраля 1958 года.
Подлежит направлению в Горьковский облвоенкомат.

Приказа об увольнении не издавалось.
/вх. 010424-58 г./

16. **М О Н Ф О Р А** Ореста Александровича, бывшего военного руководителя Московского государственного университета, СЧИТАТЬ УВОЛЕННЫМ ИЗ КАДРОВ СОВЕТСКОЙ АРМИИ В ОТСТАВКУ с 14 июля 1933 года.

1887 г.рождения. Календарная выслуга в Советской Армии с зачетом времени пребывания в заключении 15 лет 4 месяца.
Реабилитирован 20 марта 1958 года.

Приказа об увольнении не издавалось.
/вх. 09757-58 г./

17. Майора **М О Р О З О В А** Михаила Васильевича, бывшего помощника командира 161 стрелкового полка по материальному обеспечению, СЧИТАТЬ УВОЛЕННЫМ ИЗ КАДРОВ СОВЕТСКОЙ АРМИИ В ЗАПАС с 7 июля 1941 года по статье 59 пункту "в" – по выслуге установленного срока действительной службы.

1894 г.рождения. Календарная выслуга в Советской Армии с зачетом времени пребывания в заключении 22 года 9 месяцев.
Реабилитирован 15 января 1958 года.
Умер 6 февраля 1942 года.

Пункт приказа войскам ЛВО № 0239/оу от 12.10.1937 г. об увольнении его по статье 43 пункту "б", как нереализованный – отменить.
/вх. 08218-58 г./

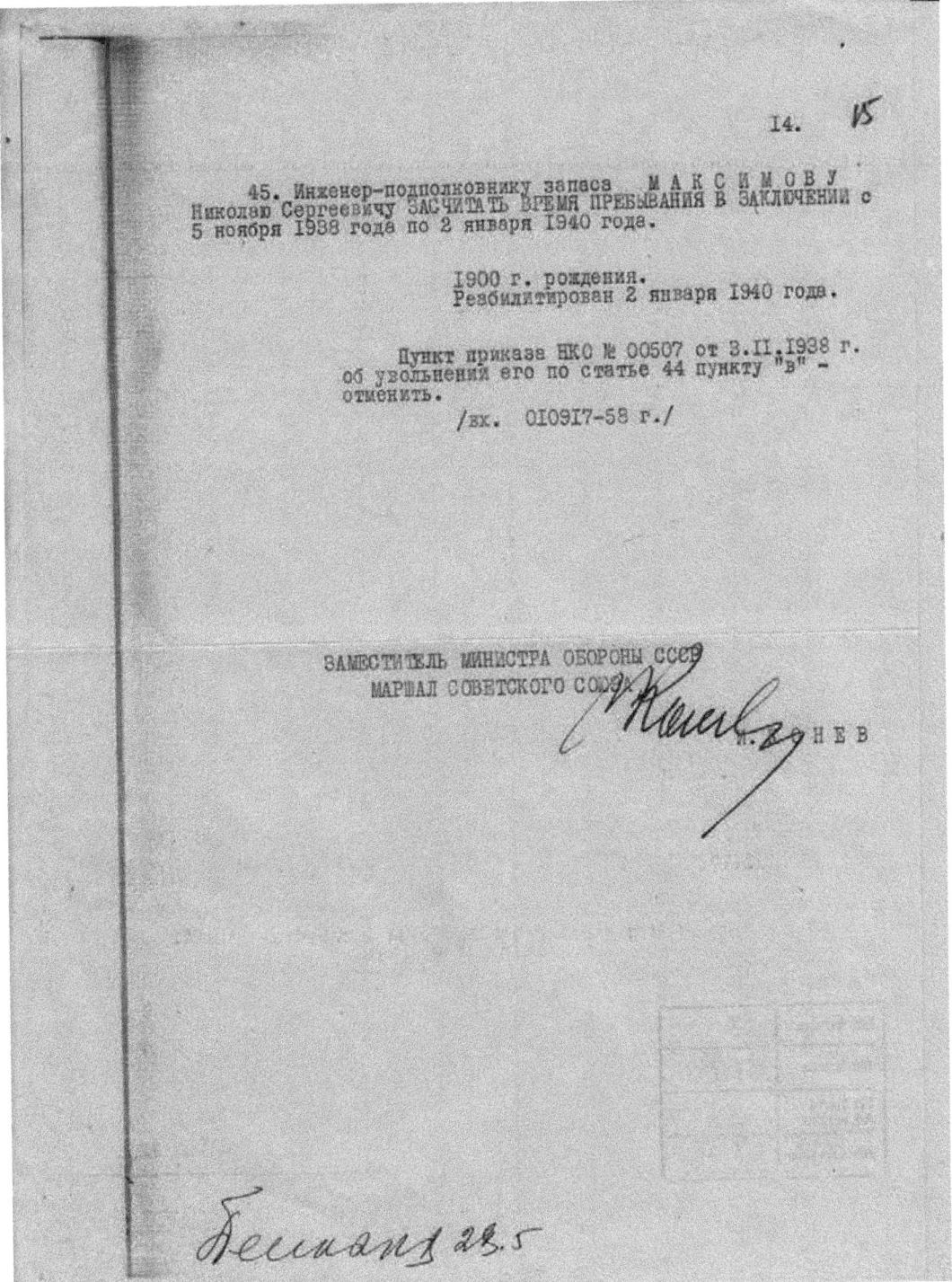

45. Инженер-подполковнику запаса   М А К С И М О В У
Николаю Сергеевичу ЗАСЧИТАТЬ ВРЕМЯ ПРЕБЫВАНИЯ В ЗАКЛЮЧЕНИИ с
5 ноября 1938 года по 2 января 1940 года.

1900 г. рождения.
Реабилитирован 2 января 1940 года.

Пункт приказа НКО № 00507 от 3.II.1938 г.
об увольнении его по статье 44 пункту "в" -
отменить.
/вх.   010917-58 г./

ЗАМЕСТИТЕЛЬ МИНИСТРА ОБОРОНЫ СССР
МАРШАЛ СОВЕТСКОГО СОЮЗА   НЕВ

*Приказ Министра Обороны СССР от 2 июня 1958 года об увольнении Ореста Монфора из
рядов Советской Армии с 14 июня 1933 года*

"Во многой мудрости много печали"
Житейская истина

Восстановление исторической справедливости в жизни Ореста Монфора завершилось.

Дворянин благородного происхождения, медалист класссической гимназии, студент императорского университета, штабс-капитан царской армии, полковник Генштаба РККА, военрук московского университета, узник концлагеря, негласный сотрудник ОГПУ, вольнонаемный экономист ГУЛАГа, уполномоченный НКВД, строитель канала Москва - Волга, стукач на своего товарища, товаровед пивзавода, инспектор отдела министерского главка, отец, переживший своего погибшего сына, женатый семьянин, спящий со своей домработницей, отец семейства, содержащий внебрачного ребенка от своей домработницы, - в сложной и противоречивой судьбе Ореста Монфора причудливо переплелись зигзаги сознательных поступков и случайные события тех времён.

Для связи с автором:
demontfort.alex@gmail.com

www.ingramcontent.com/pod-product-compliance
Lightning Source LLC
Chambersburg PA
CBHW041516120626
46551CB00018B/2456